평화를 위해 쏘다
안중근

평화를 위해 쏘다

안중근

이준희 지음

자음과모음

차례

사람과 나라, 그 사이의 균형

一日不讀書 口中生荊棘
일일부독서 구중생형극
…

하루라도 책을 읽지 않으면 입안에 가시가 돋는다

북두칠성의 정기를 받고
태어난 아이

황해도 해주부 수양산 아래 어느 넓은 집 앞마당에서 안태훈 진사는 벌써 몇 시간을 초조하게 서성였다. 부인 조씨가 해산에 든 지 벌써 한참이 지났는데, 아직 아무 소식도 들려오지 않았다. 안 진사는 초조하면서도 묘한 기분이었다. 어려서 글공부가 남달리 뛰어나 신동 소리를 듣고, 일찍 과거에 급제해 진사가 된 그였다. 어지간한 세상일에도 태연할 수 있었는데 지금 이 순간만큼은 쉬이 진정할 수가 없었다.

한편 방 안에서 활짝 열어놓은 문으로 아들 안태훈이 초조해하는 모습을 지켜보던 안태훈의 아버지 안인수는 지그시 미소지었다. 지금까지 사내대장부로 자식으로, 한 사람의 역할에 충실해온

아들이 이제는 아버지가 되려 한다. 이는 기쁜 일인 동시에 대단히 의미 있는 일이었다. 세상 모든 사람들이 누군가로부터 태어나고 성장하고 가정을 이룬다. 그리고 또다시 누군가의 부모가 된다. 이러한 흐름이 끊임없이 이어지고 얽혀, 가족을 만들고 민족을 만들고 역사를 만든다. 지금 그의 아들 태훈은 그러한 인생사의 큰 흐름 가운데 서 있었다.

커다란 흐름 속에 놓인 것은 지금 이 나라도 마찬가지였다. 조선 후기로 접어들어 지배층은 점점 부패하고 타락했으며, 국력이 쇠하고 백성들은 더 이상 조정을 믿지 않았다. 또한 강화도조약이 체결되어 일본인이 조선에 들어와 살며 자유롭게 통상할 수 있게 되었는데, 일본 상인들이 법을 어겨 백성들이 손해를 입는데도 조정은 손놓고 쳐다볼 수밖에 없었다. 일본인이 조선 사법권의 영향을 받지 않게 치외법권을 설정했기 때문이다. 안 그래도 탐관오리의 착취로 힘겹게 살아가던 백성들의 삶은 더 피폐해질 수밖에 없었다. 이러한 시대의 어려움을 극복할 수 있는 유일한 방법은 바로 인재, 즉 사람이었다. 백성들을 위한 법도 나라를 다질 방법도 모두 사람에게서 비롯된다.

그리고 바로 지금 또 하나의 삶이, 목숨이 시작되려 하고 있었다. 안인수는 아들을 지켜보며 고개를 끄덕였다.

그때, 머슴이 소리치며 마당으로 뛰어들어왔다.

"진사 어르신, 진사 어르신!"

안태훈은 머슴이 달려오는 쪽을 향해 고개를 돌렸다. 평소였으면 소란을 피우는 머슴을 타박했을 테지만 그러지 않았다.

"어찌 되었느냐?"

안태훈이 묻자 머슴이 밝게 웃으며 대답했다.

"옥동자를 낳으셨어요. 아주 건강한 도련님이세요."

이 대화를 듣던 안인수는 자신도 모르게 불끈 두 주먹을 쥐었다.

"산모는 어떠하냐?"

"마님도 아주 건강하십니다."

"정말 다행이구나. 어서 가보자꾸나."

"그런데…….."

머슴은 다 말하지 못한 게 남은 듯 머뭇거렸다.

"그런데, 라니 무슨 문제가 있느냐?"

안태훈의 물음에 머슴이 조심스레 대답했다.

"산파의 말에 따르면 아이의 배와 가슴에 점이 있다고 합니다."

"아니, 점이야 사람이면 다 갖고 태어나는 것을 어찌 이렇게 놀란단 말이냐?"

"그게…… 점이 일곱 개가 니 있다고 합니다. 그것도 북두칠성 모양으로요."

"북두칠성?"

안태훈은 그것이 무슨 의미인지 몰라 아버지 안인수를 돌아보았다.

안인수는 두 눈을 감았다. 깊은 생각에 잠긴 듯했다. 북두칠성 모양의 점 일곱 개. 어떤 의미가 있는 걸까?

잠시 침묵이 이어졌고, 드디어 안인수가 눈을 떴다.

"무릇 인간의 생명은 정북방의 천기에서 비롯된다. 또한 북두칠성은 하늘의 정사(政事)를 다스리는 일의 축(軸)이 되며 음양의 본원이기도 하다. 게다가 예로부터 북두칠성은 인간의 수명을 관장하는 별자리로 여기지 않았더냐. 아이의 몸에 북두칠성 모양의 점이 나 있다는 것은 좋은 징조임에 틀림없다. 이는 필시 하늘의 정기를 받고 태어났음이 분명하다. 하늘의 뜻을 받든다는 의미로 아이의 이름을 응할 응, 일곱 칠을 써서 응칠이라 했으면 하는데, 아범 생각은 어떠하냐?"

안태훈은 잠시 생각하더니 아버지의 의견에 따르기로 했다.

안응칠. 이는 안중근의 아명(兒名 : 아이 때의 이름)이다. 안중근은 이렇게 조선이 외세란 이름의 격랑에 휘둘리던 1879년 7월 16일, 하늘의 정기를 받고 이 땅에 태어났다.

청계동으로 이사

응칠은 집안 어른들의 사랑을 듬뿍 받으며 자랐다. 응칠의 할아버지 안인수는 성품이 어질고 후덕했으며 살림이 넉넉하여 자선가로 도내에 이름이 널리 알려져 있었다. 할아버지는 항상 응칠에게 덕을 쌓고 사람을 돕도록 가르쳤다.

또한 응칠의 아버지 안태훈은 개화파의 성향이 강한 사람이었다. 늘 세상일에 대해 뜻을 함께하는 사람들과 만나 나라의 앞날을 논의했고, 그러다보니 집을 떠나 밖에 있는 경우가 많았다. 아버지가 서울에 가 있는 날이 많아 응칠은 자연스럽게 할아버지와 더 많은 시간을 보냈다.

보통 한 가지 생각에만 몰입하면 시야가 좁아져 지금 생각하는 것 외에는 보지 못하는 경우가 많다. 응칠은 할아버지와 아버지로부터 한편으로 사람을 위하는 것에 대해 배우고, 다른 한편으로는 나라를 생각하고 나라를 위해 일하는 방법을 배웠다. 사람을 생각하는 게 곧 나라를 위한 일이고, 나라를 생각하는 게 곧 사람을 위한 일이다. 하지만 어느 한쪽에만 집중한 나머지 다른 하나를 생각하지 못하는 경우가 생기는 것이다. 사람과 나라, 어느 한쪽에 치우치지 않고 그 사이에서 균형잡는 방법을 배우며 성장하게 된 것도 바로 할아버지와 아버지 덕분이었다. 자신의 생각만 옳다고 여기지 않고 여러 관점에서 살펴보고 판단하는 성향은 훗날의 행적에서도 드러난다.

응칠이 일곱 살이 되던 해 가족 모두 이사를 해야 할 일이 생겼다. 서울에 가 있던 아버지에게 일이 생긴 것이다.

그 무렵 조선은 위태로운 처지였다. 나라 밖으로는 동서양의 강대국들이 무력을 앞세워 틈만 나면 조선을 침략하려 눈을 번뜩였고, 나라 안에서는 관리가 부정부패를 저지르고 사리사욕을 챙기는 일이 다반사가 되어 백성들이 마음 편하게 농사일이나 학업에 힘쓸 수 있는 처지가 못 되었다. 그러자 이처럼 위태로운 나라를 염려해 봉건체제의 낡은 틀을 깨고 새로운 조선을 만들려는 변화가 일었다. 일부 양반들과 신흥 지식인들 사이에 개화사상이 형성되었던 것이다.

개화파는 두 입장을 가진 무리들로 나뉘었다. 바로 온건개화파와 급진개화파이다. 두 집단이 생각하는 개화의 방향은 궁극적으로 같았지만 실현방법에 차이가 있었다. 온건개화파는 부국강병을 위해 개혁정치를 하되 청나라에 대한 사대외교는 지금까지처럼 유지하며 명성황후 민씨 정권과 타협하여 점진적으로 개화를 이루어나가려 했고, 급진개화파는 조선이 살아남으려면 개혁정치를 펴는 것은 물론이고 청나라에 대한 사대 관계를 청산하고 민씨 정권을 타도해야 한다고 생각했다. 급진개화파의 대표자였던 박영효는 나라의 형세가 위태롭고 어지러운 것을 걱정해, 정부를 혁신하고 인재를 양성하고자 재주가 있는 청년 70명을 선정해 외국으로 보내 유학시키려 했다. 여기에 응칠의 아버지 안태훈도 포함되었다.

그러던 어느 날, 박영효와 김옥균이 청나라에 바치던 조공을 없애고, 신분제도를 폐지하며, 능력에 따라 관리를 임명하고, 관리의 부정을 막고, 백성을 보호한다는 등의 14가지 개혁안을 내세우며 갑신년에 정변을 일으켰다. 정변은 성공을 거두는 듯했다. 하지만 민씨가 청나라에 도움을 요청해 청의 군대가 조선에 들어오면서 상황이 급변했다. 결국 급진개화파의 뒤를 봐주기로 했던 일본은 청나라의 우세가 점쳐지자 사태의 심각성을 깨닫고 책임을 지지 않으려 슬그머니 빠졌다. 그리하여 결국 갑신정변은 실패했다.

서양의 문물을 배우고자 서울에서 기회를 노리던 안태훈은 주변의 눈을 피해 재빨리 해주의 집으로 돌아올 수밖에 없었다. 정변이 실패한 뒤 주모자였던 박영효, 김옥균은 일본으로 망명했고, 이들의 주도 아래 외국으로 유학을 가려 했던 안태훈을 비롯한 청년 70여 명은 개화파로 몰려 피신하지 않으면 안 되었기 때문이다.

"나라가 날로 잘못되어가니, 벼슬을 해서 공명을 떨치기는 어려울 것 같습니다."

급히 고향집으로 숨은 안태훈은 한탄했다. 아들의 말을 들은 안인수는 물었다.

"그래, 앞으로 어떻게 하는 게 좋겠느냐?"

"산에 들어가 낮에는 밭을 갈고 밤에는 낚시나 하며 생활하는 게 더 나을 듯합니다."

안태훈의 말을 들은 안인수는 아들의 말에 따르기로 결심했다. 결심이 서자 다음 일은 물 흐르듯 빠르게 진행되었다. 안인수는 집안 살림을 모두 팔고 재산을 정리했다. 그러고는 70여 명이나 되는 가족들을 이끌고 미리 봐둔 황해도 신천군 두라면 청계동 산중으로 이사를 했다.

청계동은 사방이 산으로 둘러싸여 지형이 험준했지만, 산자락 아래 농사를 짓고 살기 충분한 논밭과 마르지 않는 개울이 흐르고 있었다. 수려한 산수경치를 지닌 그야말로 아름다운 곳이었으나 또한 천연요새나 다름없었다.

청계동으로 이사한 뒤로 응칠에 대한 할아버지의 사랑과 보살핌은 더욱 커졌다. 그러나 할아버지에게 걱정이 없는 것은 아니었다. 응칠은 학업에 열중하기보다는 친구들이나 사냥꾼들과 함께 산과 들을 벗 삼아 뛰어노는 것을 더 좋아했다. 서당에도 보냈지만 여전히 응칠은 학문에 큰 흥미를 느끼지 못했다. 이런 손자를 보며 안인수는 생각했다.

'혈통을 어찌할 수는 없구나. 무과 급제자만 일곱 명을 배출한 집안에서 태어났으니 집 안에 가둬둔다고 될 일이 아니다. 모든 게 때가 있는 법. 언젠가는 학문에도 힘쓰는 날이 오겠지. 다만 성격이 가볍고 급한 것은 걱정이 되는구나. 무거울 중(重), 뿌리 근(根)자를 써서 이름을 중근이라 바꿔야겠다.'

중근은 할아버지가 지어주신 이름의 뜻을 따라 항상 진중한 사람이 되려고 노력했다. 하지만 그렇다고 밖에서 뛰어노는 일을 멈추고 학문에 열중한 것은 아니다. 오히려 나이를 먹으면서 더욱 더 사냥에 열중했다. 부모와 선생들이 꾸짖기도 했지만 중근은 말을 듣지 않았다.

한번은 친구들 여럿이 중근을 타일렀다.

"자네의 부친은 글로써 세상에 이름을 떨쳤는데, 자네는 어찌 글공부는 뒷전으로 하고 이리 밖으로만 도는가. 글공부를 게을리하면 무식하고 뒤떨어지는 사람밖에 더 되겠는가?”

친구들의 말을 들은 중근이 대답했다.

“자네들 말에도 일리가 있어. 하지만 내 말을 좀 들어보게. 옛날 초패왕 항우가 ‘글은 이름이나 적을 줄 알면 그만이다’라고 했어. 그랬는데도 초패왕은 만고의 영웅으로 이름을 남겼네. 나는 학문을 닦아 이름을 날리고 싶지 않다. 초패왕도 장수요, 나도 장부다. 그러니 자네들은 다시 내게 학업을 권하지 말게.”

친구들은 더 이상 중근에게 학업을 권하지 않았다.

그러던 어느 날, 할아버지가 돌아가셨다. 중근이 열네 살이 되던 해였다. 할아버지의 장례를 치르는 동안 중근의 눈앞에 그동안 사랑으로 감싸주고 길러주던 할아버지의 모습이 스쳐지나갔다. 중근은 슬픔을 견딜 수 없었다. 눈을 감으면 할아버지가 떠올랐고, 할아버지가 기거하던 방 앞을 지날 때면 중근을 부르는 할아버지의 목소리가 들리는 듯했다. 이런 할아버지를 향한 그리움과 애통함에 중근은 몸져누웠다.

‘도대체 죽음이란 무엇인가? 당연히 내 옆에 계실 것만 같던 할아버지가 이렇게 돌아가시다니.’

중근은 할아버지를 잃은 충격과 슬픔에 몸져누워 반년이나 앓다 겨우 회복되었다.

3월 봄 어느 날, 중근은 친구들과 함께 산에 올라가 경치를 구경

하고 있었다. 그런데 저쪽 절벽 근처에 한 번도 보지 못한 탐스러운 꽃이 피어 있는 게 아닌가! 중근은 스스럼없이 꽃을 꺾으려 다가갔다. 그런데 그만 발을 잘못 디디고 말았다.

"아앗!"

중근의 몸은 낭떠러지 아래로 계속 떨어졌다. 운명의 순간이었다. 사물들이 눈앞을 빠르게 스쳐지나갔다. 하지만 이대로 죽을 수는 없는 노릇이었다. 중근은 순간 눈에 들어온 나무 한 그루를 향해 손을 뻗었다.

턱!

다행히 뿌리가 단단히 박힌 나무였다. 중근은 가까스로 힘을 내 나무를 붙잡았다. 위에서 친구들이 안심하며 괜찮은지 묻는 소리가 들려왔다. 중근의 가슴은 대답도 하지 못할 정도로 빠르게 뛰었다. 고개를 조심히 내밀어 아래를 내려다보았다. 만약 중근이 정신을 차리고 나무를 붙잡지 않았다면, 바로 수백 척 벼랑 아래로 떨어져 뼈가 으스러지고 무사하지 못했을 것이 분명했다. 그때 친구들이 구해온 밧줄을 내려주었다. 중근은 밧줄을 붙잡고 위로 올라갔다. 친구들과 함께 살펴보니 몸에 별 상처는 없었다. 중근과 친구들은 다행이라고 기뻐하며 산을 내려왔다. 중근이 죽을 고비를 면한 첫 번째 사건이었다.

동학당과의 전투

청계동에서 지내기 시작한 뒤로 거의 십년이라는 시간이 지났
다. 그러는 동안 중근은 아버지가 모셔온 스승에게 글공부도 배우
고 자연을 직접 뛰어다니면서 마음과 육체를 모두 단련했다. 중근
은 경서(經書)와 사서(史書)에 통달했고, 붓으로 글씨를 쓰는 서예
와 문장을 쓰는 데도 능했다. 그러나 무엇보다 특출한 재능을 보인
것은 바로 사격술이었다.

중근의 사격 실력은 이제 청계동 밖까지 소문이 나 있었다. 중근
은 밖으로 산책하러 갈 때도 꼭 활이나 총기를 몸에 지녔고, 항상
말 타는 연습을 했다. 주변 사냥꾼들과 사냥을 가도 늘 최고였다.
멀리 있는 새를 쏘아 맞추는 것은 물론이고, 달리는 말 위에서도

나는 새와 달리는 짐승을 백발백중 맞출 정도였다. 어떤 때는 사냥을 나가 노루와 고라니를 여러 마리씩 잡아와 집안사람들을 먹이기도 했다.

또한 그 즈음 결혼도 했다. 상대는 김홍섭의 딸 김아려였다. 그때 중근의 나이 열여섯이었다. 아버지가 그랬고 할아버지가 그랬듯 중근도 결혼을 하고 몸과 마음을 다스리며 가정을 지키는 더욱 큰 사람으로 성장하게 된 것이다.

그 무렵 나라는 점점 더 어지러워지고 있었다. 농민들이 동학당이라는 이름으로 일어났기 때문이다. 사실 동학농민운동은 예정된 일이나 다름없었다. 동학은 1860년 최제우가 서학인 천주교에 반대하여 일으킨 신흥사상이었다. '인내천', 즉 '모든 사람은 하늘'이라는 평등사상을 외치는 동학은 조선말 부정부패한 관리들의 수탈을 견디지 못한 농민들이 의지할 수 있는 유일한 종교였다. 그런데 마침 전라도 고부군에 부임한 조병갑이 농민들에게 억지로 저수지를 짓게 하고 물값을 받거나 음란한 죄, 화목하지 못한 죄와 같은 여러 죄명을 씌워 벌금을 받는 등 백성들을 못살게 했다. 이에 격분한 농민들이 들고 일어났다. 전봉준을 선봉으로 하는 동학군은 호남 지방을 중심으로 일어나, 순식간에 전국으로 확산되어 황해도 지역까지 퍼졌다.

황해도까지 동학군이 밀어닥치자 황해도 관찰사 정현석은 급히 안태훈에게 도움을 요청했다. 사실 개화파 성향의 안태훈은 동학군이 썩 달갑지 않았다. 개화파와 동학군은 반봉건적이라는 점에서는 뜻을 같이했지만 실천방법에서는 입장이 달랐다. 개화파는 서구의 문물과 사상을 수용하고자 했지만 동학군은 외세를 배척했다. 동학군이라고 해서 모두가 옳은 일만 한 것은 아니었다. 동학농민운동이 전국으로 확산되고 동학군의 수가 많아질수록 옳은 뜻을 펼치려 일어난 농민들 외에도 동학군의 이름을 빙자하여 폭행과 약탈을 일삼는 자들이 늘었다. 올바른 뜻을 펼치는 동학군들은 이러한 자들과도 싸워야 했다. 이런 상황은 황해도에 일어난 동학군들도 마찬가지였다. 불량한 관리들과 백성들의 재산을 약탈하여 부자가 된 이들을 토벌하려는 동학군도 있었지만, 동학군이라는 이름으로 횡포를 부리는 자들도 있었다. 이는 같은 동학군에 의해 부대원을 잃은 김구와 중근의 아버지 안태훈이 주고받은 밀서를 통해서도 짐작할 수 있다.

결국 안태훈은 정현석의 부탁을 들어주기로 결심하고 군대를 조직했다. 평소 중근의 집에 머물던 포수와 사병 70여 명을 모았다. 자신이 출전한 동안 집안을 지킬 방도도 챙겨놓았다. 이윽고 모든 준비를 마친 안태훈이 출발하려는데 중근이 아버지를 따라나서려 했다.

"아버지, 저도 가겠습니다."

안태훈은 아들을 꾸짖었다.

"싸움판은 죽음터이다. 어린 네가 함부로 덤빌 게 아니다."

그러자 중근이 단호하게 말했다.

"부모가 나라를 위해 몸을 돌보지 않고 적을 토벌하는데, 자식이 되어 어찌 가만히 앉아 보고만 있겠습니까?"

아들의 당당하고 단호한 모습에 안태훈은 말없이 허락할 수밖에 없었다.

동학군에 맞설 군대를 조직하기는 했지만 그 수는 70여 명밖에 되지 않았다. 그러나 동학군의 수는 약 2천여 명이었다. 동학군의 깃발과 창이 햇빛을 가리고 북소리, 호각소리, 고함소리가 청계동 일대를 뒤흔들었다. 비교가 되지 않는 동학군의 기세에 안태훈의 군대는 그만 겁먹고 말았다.

그런데 기회가 찾아왔다.

서서히 바람의 방향이 바뀌더니 갑자기 동풍이 불어오기 시작했다. 바람은 비를 몰고 왔다. 게다가 엄청난 양이었다. 갑자기 내리기 시작한 12월의 겨울비는 청계동 일대는 물론, 안태훈의 병사들과 대치하고 있던 동학군의 진영도 흠뻑 적셨다. 엄청나게 내린 비에 동학군의 옷과 갑옷은 모두 젖고, 병사들은 한기를 느꼈다. 결국 동학군은 청계동에서 십리 떨어진 곳에 잠시 머물며 기습을 노리는 수밖에 없었다.

이 소식을 전해들은 안태훈은 여러 장수들을 불러모았다.

"때는 지금이다. 만약 이 기회를 살리지 못한다면 우리는 적병의 포위를 받아 전멸하고 말 것이다. 오늘밤 먼저 나가 적병을 습격해야 한다."

닭이 울자 새벽밥을 지어먹었다. 정예병사 40명을 뽑아 출전시키고 남은 병사들은 본진을 지키도록 했다.

안중근은 동지 여섯 명과 선봉으로 나서 정찰을 했다. 날이 밝기 전이어서 선봉대는 어둠에 몸을 숨긴 채 적진을 향해 민첩하게 움직였다.

적진 가까이에 접근한 중근은 숲속에 몸을 숨겼다. 그러고는 적진을 살폈다. 아직 어둠이 사위를 감싸고 있었지만 곳곳에 불을 피워놓아 적진은 대낮처럼 환했다. 적의 수는 많았다. 그러나 말들이 체계없이 묶여 있고, 병사들은 질서없이 어지럽게 흩어져 있었다. 그 모습을 지켜본 중근은 바로 지금이 기회라고 생각했다.

"지금 습격하면 반드시 성공할 것이오."

적진에서 조금 물러난 중근은 다른 동지들에게 말했다.

"병사가 저렇게 많은데, 어떻게 성공한단 말이오?"

"저 모습을 보시오. 병사가 많기는 하지만 저들에게는 규율이 없고 질서가 없소. 우리가 힘을 합하면 저런 무리들은 겁날 게 없소. 아직 날이 밝지 않아 어두우니, 갑자기 쳐들어가면 저들은 놀라 흩어질 것이오."

중근은 단호했다. 동지들은 잠시 생각한 끝에 중근의 말을 따르기로 하고 계획을 세웠다. 각자 계획한 대로 위치를 잡은 뒤 중근의 신호를 기다렸다.

그리고 잠시 뒤, 중근이 소리쳤다.

"공격!"

중근의 호령에 일곱 사람은 적진을 향해 총알을 퍼부었다.

갑자기 들린 총소리에 동학군은 허겁지겁 달아났다. 어찌 놀라지 않을 수 있겠는가. 진영에 피워놓은 밝은 불빛에 익숙해진 동학군은 진지를 둘러싼 장막 같은 어둠 속에서 무엇인가 날아와 옆 동료의 몸에 박히는 것을 보았다. 어둠 속에서 공격하라는 고함소리가 들리고 총소리가 들리고 그 총소리에 옆 사람이 비명을 지르며 쓰러졌다. 단 일곱 사람이 쏘는 총알이었지만, 방심한 채 준비도 없이 늘어져 있던 동학군에게 그것은 대군이 몰려온 것과 같았다. 겁을 먹은 적들은 미처 총을 들 생각도 하지 못하고 달아나기 시작했다. 수많은 병사들이 한꺼번에 도망치면서 도중에 밀치고 밟히는 자들도 생겼다. 중근의 정찰대는 도망하는 적을 추격하며 계속 총을 쐈다. 적들은 달아나며 산과 들로 흩어졌다.

그러는 도중에 동이 트기 시작했다. 사방이 밝아지기 시작하자 적들은 중근이 이끄는 선봉대의 수가 많지 않다는 것을 눈치챘다.

적들은 병사들을 나눠 중근의 선봉대를 에워싸기 시작했다.

'아차! 어서 빠져나가야겠구나.'

중근은 빠져나가기 위해 이리저리 공격하며 퇴로를 확보하려 했으나 쉽게 빠져나갈 수가 없었다.

그때였다.

펑!

갑자기 등 뒤에서 함성이 울렸다. 중근의 선봉대도 적들도 당황하여 소리가 나는 쪽을 돌아보았다. 멀리서 한 부대의 군사들이 돌격해왔다. 바로 안중근 편의 지원병들이었다.

'살았다. 하늘이 도우시는구나.'

안중근은 다시 힘을 얻어 적을 향해 사격하기 시작했다. 적은 비록 수에서는 안중근의 병사들을 크게 압도했으나, 사격술에서는 비교가 되지 않았다. 선봉대와 본진의 지원병이 합세하여 사격을 가하자 적은 다시 달아나기 시작했다.

큰 승리였다.

적들이 급히 도망가느라 챙기지 못한 많은 총기와 탄약, 말, 군량미 천 석을 전리품으로 거뒀다. 또한 적들은 수십 명의 사상자가 생겼지만, 안중근의 병사들은 누구도 죽거나 다치지 않았다. 안태훈은 황해도 감찰부에 승전 사실을 보고했다. 이 전투 이후 동학군이 청계동을 공격하는 일은 없었다.

그러나 승리의 기쁨도 잠시, 안중근은 그 싸움 뒤에 병에 걸려 두서너 달을 고통스럽게 앓아야 했다. 죽음에 이를 정도로 고통스러운 병이었다. 비록 눈앞에 닥친 위험에 총을 들고 나서기는 했지만, 분명 아직 어린 나이인 중근에게 전투는 무엇보다 큰 부담이 되었음에 틀림없다. 하지만 중근은 이를 악물고 간신히 이겨냈다. 그리고 그 뒤로는 죽을 때까지 그 어떤 가벼운 병에도 걸리지 않았다.

가문의 위기

동학군과의 싸움 이후 청계동에는 평화로운 나날이 이어졌다.

동학농민운동의 불길은 점차 사그라졌다. 동학농민운동으로 청나라와 일본이 개입하자 조정과 농민들은 개혁안을 체결해 해산하기로 결정했다. 그러나 조정이 약속을 이행하지 않은 데다, 일본이 궁궐을 침범하고 청일전쟁이 일어나자 농민들은 다시 힘을 모아 일어났다. 조선에서 일본을 내쫓기 위해서였다. 하지만 기관총과 같은 신식무기를 든 일본군 앞에서 동학군의 힘은 너무나 미약했다. 결국 동학농민운동은 좌절되고 말았다.

그러나 동학농민운동은 이러한 결과만으로 평가해서는 안 된다. 동학농민군의 요구 중 신분제 폐지 등의 몇 가지 조항은 갑오개혁

에 반영되었고 또한 동학농민운동이 실패한 뒤 남은 세력들은 의
병투쟁을 통해 항일운동을 계속 펼쳐나갔다. 이처럼 동학농민운동
은 그 자체로도 중요한 역사적 의미를 지니고 있다.

청계동에서 동학당과의 전투가 벌어진 이듬해 여름, 중근의 집
에 손님 두 사람이 찾아왔다.

"작년 전쟁 때 실어온 천여 포대의 곡식은 원래 동학당들의 물
건이 아니었습니다. 원래 그 절반은 탁지부 대신 어윤중 대감이 사
두었던 것이고, 다른 절반은 전 선혜청 당상 민영준 대감이 농장에
서 추수해 들인 곡식이지요. 그러니 지체하지 말고 모두 돌려드리
시오."

이 말을 듣고 있던 중근은 불끈 주먹을 쥐었다.

'자기들이 부탁해서 목숨을 걸고 싸웠더니, 필요한 때만 불러
쓰고 이제 필요 없어지니 자기들의 실속만 차리다니. 토끼사냥에
애쓴 개마저 잡아먹으려 들고, 내를 건널 때 요긴하게 쓴 지팡이도
건너와서는 팽개친다고 하더니 바로 이런 경우를 두고 하는 말이
구나.'

중근이 젊은 혈기에 분개한 것과는 달리, 안태훈은 두 손님을 향
해 웃으며 대답했다.

"어 대감, 민 대감 두 분의 쌀은 내 알 바 아니오. 내 직접 동학
당의 진중에 있던 것을 빼앗아 온 것이니 다시는 그런 말을 하지

마시오."

비록 웃는 얼굴이었지만, 입으로 내뱉은 말에는 단호함이 서려 있었다. 70여 명의 군대로 2천 명이나 되는 동학군을 물리친 안태훈이라는 것을 두 손님이 모를 리 없었다. 그들은 안태훈이 당당하게 대꾸하자 아무 말도 하지 못하고 그냥 돌아갔다.

그러나 이 일이 화를 불러왔다.

두 손님이 돌아가고 얼마 뒤 서울에서 급한 편지 한 장이 왔다. 전 판결사 김종한이 보낸 편지였다. 편지의 내용은 이러했다.

"지금 탁지부 대신 어윤중과 민영준 두 사람이 잃어버린 곡식 포대를 찾을 욕심으로 황제폐하께 '안모가 막중한 국고금과 무역해 들인 쌀 천여 포대를 실마리도 남기지 않고 몰래 도둑질해 먹었습니다. 이상하게 생각하여 사람을 시켜 조사해보니 그 쌀로 병정 수천 명을 길러 음모를 꾸미고 있었습니다. 어서 군대를 보내 진압하지 않으면 국가에 큰 환난이 있을 것입니다'라고 거짓을 고하였소. 어서 올라와 사태를 수습하도록 하시오."

편지를 본 안태훈은 곧 서울로 갔다. 가서 사정을 살펴보니 편지의 내용은 사실이었다. 억울하고 분통한 일이었다. 안태훈은 곧 법관에게 억울함을 호소하여 서너 번이나 재판을 했으나 끝내 판결이 나지 않았다.

보다 못한 김종한은 어윤중을 설득하려 했다.

"안 진사는 근본이 도적의 무리가 아니고, 의병을 일으켜 도적들을 무찌른 국가의 공신입니다. 그 공훈을 표창해도 모자랄 판에 이렇게 말도 되지 않는 이유로 모함할 수가 있습니까."

그러나 어윤중은 끝내 그 말에도 설득되지 않았다. 재물에 눈이 멀었으니 사리분별을 못 하는 게 당연했을지도 모른다.

그런데 하늘의 징벌이었을까?

어윤중은 민란이 발생한 뒤 고향으로 피신하던 중 난민들의 돌에 맞아 참혹하게 죽고 말았다. 당연히 그의 무고도 끝났고, 이로써 사건은 마무리되는 듯했다. 하지만 뒤에 더 큰 시련이 기다리고 있었다.

이번에는 민영준이 안태훈의 목을 죄기 시작했다. 안태훈을 역모로 몰았던 것이다. 민영준은 세도가 상당한 민씨 집안이어서 안태훈이 이리저리 꾀를 내봐도 도무지 빠져나갈 길이 보이지 않았다. 사태가 위급해지자 안태훈은 특단의 조치를 내리기로 했다.

"천주교당으로 몸을 피해야겠다."

안태훈 일가는 서양 신부들의 도움으로 종현성당(지금의 명동성당)으로 피신했다. 중근도 아버지를 따라 성당에 몸을 숨겼다. 안중근은 도와달라는 요청에 온몸을 바쳐 싸운 결과가 이런 것이라는 사실을 납득할 수 없었다.

'이런 자들을 위해 목숨을 걸고 싸웠던 것인가!'

한 나라의 대신들이 자신의 사사로운 욕심 때문에 도리를 저버리는 모습에 화가 치밀었다. 게다가 민씨의 세력에 굴복해, 옳고 그름을 내팽개친 다른 관리들에게도 불합리함을 느꼈다. 안중근이 어려서부터 할아버지와 아버지에게서 보고 배웠던 모습과는 너무 달랐다. 일이 돌아가는 상황을 파악하며 성당에서 지내는 동안, 안중근은 몇 번이고 다짐했다.

'나는 앞으로 옳고 그름을 분명히 판단하는 사람이 되겠다. 어떤 일이 있어도 그런 내 신념을 지키겠다.'

그리고 이렇게 성당에서 몇 달이나 자취를 숨기고 지내는 동안 정국은 차츰 변했고, 중근의 집안도 무사할 수 있었다.

이 시기에 중근이 즐겨하던 네 가지 일이 있다.

첫째는 친구와 의를 맺는 것, 둘째는 술 마시고 노래하고 춤추는 것, 셋째는 총으로 사냥하는 것, 넷째는 날쌘 말을 타고 달리는 것이었다. 중근은 의협심 있는 사내가 있다는 소문을 들으면 총을 지니고 말을 달려 찾아가 토론하고 즐기며 의를 맺었다.

한편 이즈음에 중근은 또 한 번 죽을 고비를 넘기는 사건을 겪었다.

하루는 친구 예닐곱 명과 함께 사냥을 하는데, 탄환이 총구멍에 걸리고 말았다. 총알은 빼낼 수도 없고 들이밀 수도 없이 단단히 걸려 있었다.

'응? 어디에 걸렸을까?'

중근은 총구멍을 쇠꼬챙이로 쑤셔댔다. 그러자

팡!

하고 터지는 소리가 들렸다. 중근은 혼비백산했다. 정신을 차리고 살펴보니 탄환이 폭발하여 쇠꼬챙이와 탄환 한 알이 함께 오른손을 뚫고 공중으로 날아갔다. 곧 치료하기는 했지만, 중근은 나이를 먹은 뒤에도 그때의 공포를 잊지 못했다.

천주교 입문과 좌절된 교육사업

안중근이 천주교당으로 몸을 피한 지도 몇 해가 지났다. 아버지의 양곡문제 때문에 성당으로 피신한 게 결정적인 계기가 되어 천주교를 접했지만, 성당 안에서 교리를 공부하면서 그 누구보다 순수한 신앙심을 갖게 되었다. 중근은 성당에서 지낸 몇 달 동안 강론을 듣고 많은 성서를 읽으며 점점 더 독실한 신자가 되었다.

'이런 교리가 있구나. 혼자서만 맛있는 음식을 먹고 그것을 가족들에게 나누어주지 않거나, 재주를 간직하고 가르치지 않는다면 그게 동포라 할 수 있는가? 나만 알고 따를 게 아니라 다른 사람들에게도 널리 알려야겠다.'

안중근은 양곡문제가 흐지부지되어 청계동의 집으로 돌아올 때도 성당에 있던 많은 성서를 가져왔다. 고향으로 돌아와 다른 이들에게도 복음을 전파하기 위해서였다. 안중근은 아버지와 함께 천주교의 교리를 사람들에게 널리 알리고 입교를 권했다. 그리하여 많은 사람들이 천주교의 교리를 듣고 신앙심을 갖기 시작했다. 안중근의 천주교에 대한 믿음은 시간이 지날수록 더욱 깊고 두터워졌고, 19세 때는 가족들과 함께 프랑스 신부인 홍석구 신부(본명: j. wihelm, 한국명: 홍석구)에게 세례를 받았다. 세례명은 도마였다.

세례까지 받은 안중근의 신앙심은 더욱 깊어졌다. 성경을 공부하면서 서구의 여러 문물을 접했으며, 홍 신부에게 프랑스 말도 배웠다. 또한 단지 자신만 믿는 데 그치지 않고 교회 사업을 위해 홍 신부와 함께 여러 고을을 돌아다니며 많은 사람들에게 전도했다. 이때 천주교는 안중근에게 있어 단지 신앙이 아닌 세상을 바라보는 하나의 눈이었다. 안중근은 자신은 물론 사람들 모두 천주교를 믿고 하느님의 교리를 따르며 사람다운 삶을 살기를 바랐다.

"사람은 오래 살아봐야 백년을 넘지 못합니다. 또 어진 사람이나 어리석은 사람이나, 귀하고 천한 것을 물을 것 없이 누구나 알몸으로 이 세상에 태어났다, 알몸으로 저 세상에 돌아갑니다. 세상일이란 이렇게 헛된 것입니다. 그런데 그런 줄 알면서도 왜 헛된 욕망의 구렁텅이에서 허우적거리고, 또 악한 일을 저지르는지 안타깝기 그지없습니다. 우리의 영혼은 죽어서도 없어지지 않고, 또한 천주님은 우리가 살아 있을 때 행한 일들에 대해 상벌을 내리실 겁니다. 우리의 모든 동포 형제자매들이 모두 천주님의 아들이 되어 이 세상을 도덕적으로 만들어 다 함께 태평을 누리고, 죽은 뒤에는 천당에 올라 무궁한 영복을 함께 누리기를 바랍니다."

안중근의 말을 들은 사람들은 크게 깨달음을 얻고 천주교에 입교해 교리를 배우고 믿음을 갖기 시작했다.

천주교에 대한 믿음은 안중근의 아버지와 형제들 또한 대단했다. 그들은 청계동에 큰 성당을 세우고, 홍 신부를 초청해 성당을 맡겼다. 이 청계동 성당은 황해도에서 두 번째로 규모가 큰 성당으로, 이 성당을 거점으로 포교 사업을 벌인 결과 청계동 일대의 천주교 신자들이 크게 늘었다.

하루는 안중근이 성당에 앉아 생각에 잠겨 있는데, 누군가 곁에 다가와 말을 걸었다.

"무슨 생각을 그렇게 골똘히 하십니까?"

안중근이 돌아보니 홍 신부가 웃으며 옆에 서 있었다.

"아, 신부님. 옆에 계신지도 몰랐습니다. 잠깐 생각을 좀 하고 있었습니다."

홍 신부는 안중근의 옆에 앉았다.

"무슨 생각을 했기에 사람이 옆에 와도 모르나요?"

안중근은 한참 동안 생각했던 바를 홍 신부에게 말했다.

"우리 동포들이 학문에 눈이 어두워 걱정입니다. 하느님의 말씀을 전도하는 일도 쉽지 않습니다. 이런 상황이 계속된다면 나라의 앞날도 밝지 않을 겁니다. 사람이 곧 나라이고, 나라가 곧 사람이니까요."

홍 신부는 고개를 끄덕였다. 안중근은 말을 이어나갔다.

"그래서 생각을 했는데, 천주교 대학을 설립하면 어떨까 합니다."

"대학을 설립한다고요?"

"예. 그렇습니다. 학교를 설립하고 서양 수사들 중 박학다식한 몇 사람을 청해 모셔와 사람들을 교육하면 어떨까 합니다. 재주가 뛰어난 자들이 체계적인 교육까지 받는다면, 수십 년이 지나지 않아 교회는 물론이고 이 나라를 책임질 인재들을 많이 배출할 수 있을 겁니다. 그러면 천주교는 물론이고 이 나라도 큰힘을 갖게 되는 것 아니겠습니까? 신부님은 어떻게 생각하시나요?"

홍 신부는 생각에 잠긴 듯했다. 안중근은 홍 신부의 얼굴을 쳐다보며 그의 답변을 기다렸다. 학교를 설립해 가르치면 사람들은 교리를 더욱 깊이 이해하게 되고, 하느님의 말씀 안에서 올바르게 살아갈 수 있을 것이 분명했다. 또한 사람들 모두가 신념을 갖고 올바르게 살아간다면 이 나라의 미래도 밝을 거라고 안중근은 깊게 믿었다.

이윽고 홍 신부가 입을 열었다.

"도마의 말이 맞아요. 배움은 끝이 없는 거죠. 또한 배움으로써 더 깊은 신념과 믿음을 지닐 수 있어요. 무지한 상태에서 갖는 무조건적인 믿음은 쉽게 깨져버릴 수 있습니다. 도마의 말대로 학교를 세워 사람들을 교육시키고 그 사람들이 더욱 확고히 천주교를 믿게 되면 이 나라는 하느님의 말씀 안에서 더욱 강한 나라가 될 겁니다."

"신부님, 그럼 제 생각에 동의하시는 겁니까?"

"그래요. 나는 도마의 생각에 찬성입니다."

홍 신부의 말을 들은 안중근은 크게 기뻐했다. 그러고는 학교를 설립할 계획을 세워 홍 신부와 함께 서울로 향했다. 민 주교(본명: 뮈텔G.Mutel, 한국명: 민덕효)를 만나 의견을 전하기 위해서였다. 서울로 향하는 내내 안중근은 희망에 들떠 있었다. 비록 지금은 시작에 불과하지만 학교가 설립되고 그 안에서 많은 사람들이 배우면 큰 인재들이 많이 나올 것이다. 이 인재들이 또다시 사람들에게 가르침을 전해 많은 사람들이 깨달음을 얻으면 이 나라는 옳은 신념으로 바르게 살아가는 이들로 가득 찰 것이다. 그러면 지금처럼 동서양 열강의 입김에 쉽게 휘둘리지 않는 굳건한 나라를 만들 수 있다. 안중근은 상상하는 것만으로도 그런 미래가 벌써 찾아온 것만 같았다.

하지만 그런 희망도 잠시, 이내 안중근은 이 모든 희망이 좌절되는 것을 느껴야만 했다.

서울에 도착한 안중근과 홍 신부는 민 주교를 찾았다.

"아니 홍 신부님, 어쩐 일이십니까?"

민 주교는 홍 신부와 안중근을 반갑게 맞이했다.

"홍 신부님과 도마의 활약은 익히 들어 잘 알고 있습니다. 두 분 덕분에 많은 사람들이 하느님의 품 안에서 기도하고 말씀을 전할 수 있게 되었다지요."

"그렇습니다. 특히 여기 도마의 역할이 큽니다. 저와 함께 사람들을 찾아다니며 주님의 말씀을 전하고 있지요. 오늘 이곳에 주교님을 뵈러 온 것도 더 많은 사람들에게 하느님의 뜻을 전달할 수 있는 방법에 대해 의논하기 위해서입니다."

"오, 그래요? 어디 한번 들어봅시다."

홍 신부가 안중근에게 눈짓했다. 안중근은 자신이 생각하고 있는 계획과 그 계획이 실현되었을 때 얼마나 많은 사람들이 세상을 깨우치고 하느님의 말씀을 더욱 깊이 받아들일 수 있는지에 대해 열심히 설명했다. 아직은 프랑스어가 서툴렀기 때문에 홍 신부가 옆에서 도와주었다. 민 주교는 아무 표정 없이 두 사람의 설명을 들었다.

자신의 계획을 모두 설명한 안중근은 민 주교의 표정을 살폈다. 민 주교는 한참 동안 아무 말이 없었다. 아마도 일의 타당성을 생각하는 듯했다. 자신의 계획을 민 주교도 찬성할 게 분명했다. 누가 봐도 사람들과 나라와 교회를 위한 일이고, 그것은 바로 주님의 뜻이나 마찬가지였으니까. 안중근은 민 주교가 허락한 뒤에 어떤 일부터 진행해야 할지를 생각하느라 가슴이 벅차올랐다. 민 주교의 동의만 구하면 지금이라도 바로 일을 시작하리라 생각했다. 그런데 한참을 침묵하던 민 주교의 입에서 뜻밖의 말이 튀어나왔다.

"뜻은 알지만 저는 그리 좋은 생각이 아닌 듯합니다."

민 주교의 말을 들은 안중근은 자신의 귀를 의심했다.

"주교님, 그게 무슨……."

안중근은 굳은 표정으로 민 주교를 쳐다봤다. 민 주교는 이리저리 시선을 피하며 딴청을 피우다가 말했다.

"사람들을 가르치는 것은 지금의 천주교 교리로도 충분합니다. 다른 교육을 시키기보다는 보다 많은 사람들에게 천주교 교리를 알리는 일에 집중하는 게 좋겠군요."

안중근은 어이가 없었다. 지금까지 자신이 설명한 것을 제대로 못 알아들은 걸까? 아니면 자신의 프랑스 말이 서툴러서 제대로 의사를 전달하지 못한 걸까? 안중근은 다시 한번 민 주교에게 자신의 계획을 설명하려 했다. 그런데 민 주교가 손을 들어 안중근의 말을 막았다.

"도마, 잘 들어요. 홍 신부님과 도마가 노력하여 많은 사람들을 주님의 품으로 끌어들였지요. 그게 가능했던 제일 큰 이유는 바로 홍 신부님과 도마의 노력이겠지만, 또다른 이유가 있어요."

"그게 뭡니까?"

"바로 사람들이 무지하기 때문이지요."

"……."

"만일 사람들이 교육을 받고 학문을 깨우치게 되면 오히려 천주교를 믿는 데 소홀해질 겁니다. 주님의 말씀을 있는 그대로 받아들이기보다는 자신의 지식만을 믿고 주님의 말씀보다 자신의 뜻을 더 세우려 들겠지요."

"그건 옳지 않은 말씀입니다. 오히려 자신의 무지를 깨우쳐준 교회에 감사를 느끼고 더욱 주님의 말씀을 따를 것입니다. 또한 사람들에게 세상의 진리를 알려주고 그 가운데 옳은 뜻을 품고 바르게 살아가는 것이 주님의 뜻 아닙니까? 무조건 주님만 믿으라고 말하는 것보다는 주님의 말씀이 어떻게 옳은지, 그것을 스스로 깨닫게 하는 것이 더 나은 것 아닙니까?"

안중근은 자신의 뜻을 전달하고 설득하기 위해 안간힘을 썼다. 하지만 설득하려 노력하면 할수록 이미 세워진 높고 두꺼운 벽을 맨손으로 치는 기분이었다. 민 주교는 안중근이 하는 말을 들으려고도 하지 않았던 것이다. 처음에는 안중근의 편이 되어 민 주교를 설득하던 홍 신부도 점차 입을 다물었다.

뜻한 바를 이루지 못하고 고향으로 돌아가는 안중근은 민 주교가 반대한 이유에 대해 고민했다. 진정 내가 잘못 생각한 것일까? 사람들을 가르쳐 하느님의 말씀을 더 깊이 간직하게 하려는 내 의도는 잘못된 것인가? 도무지 납득할 수 없었기에 안중근은 생각에 생각을 거듭했다. 그리고 마침내 결론을 얻었다.

'바로 그들이 서양인이기 때문이다. 천주교의 교리는 옳다. 하지만 복음을 전하고 신자들을 일깨우는 저들도 사람이다. 아무리 옳은 일이라고 해도 사람인 이상 자신의 기득권이 침해받을 수 있는 일은 하지 않으려 할 것이다. 우리 백성들이 무지하여 나라가 점차 기울어가는 사정조차 알지 못하는데 저들은 그런 것에는 관심도 없구나.'

분한 마음을 어쩌지 못하던 안중근은 마침내 결심했다.

'교의 진리는 믿어도 외국인의 마음은 믿지 않겠다.'

안중근은 이런 결심으로 홍 신부에게 배우던 프랑스어도 더 이상 배우지 않았다. 어떤 친구가 왜 프랑스어 공부를 그만두었냐고 물어도 이렇게 대답할 뿐이었다.

"일본말을 배우는 자는 일본의 종이 되고, 영어를 배우는 자는 영국의 앞잡이가 된다. 내가 만약 프랑스어를 배운다면 나는 프랑스의 종이 될 것이 분명하기에 그만두었다. 만약 우리 한국이 지금보다 더욱 강해져서 세계에 영향력을 미치게 되면, 세계 사람들이 우리 한국말을 통용할 것이다.”

안중근이 단호하게 말하자 친구는 수긍하며 말없이 물러갔다.

천주교 대학을 설립하려는 계획이 수포로 돌아갔지만 안중근의 신앙심이 약해진 것은 아니었다. 오히려 천주교의 진리와 종교적 대행자인 사제들 사이에서 균형을 잡으며 자신의 신념을 쌓았다. 같은 종교를 믿는 사람이나 사제라고 해서 무조건 편을 들거나 함께했던 것이 아니라, 그 누구라도 옳지 않은 행동이나 자신의 신념에 반하는 행동을 하면 꾸짖고 설득했다.

한번은 옹진군에서 한 사람이 서울에 사는 전 참판 김중환에게 돈 5천 냥을 빼앗긴 일이 있었다. 김중환이 워낙 높은 관리여서 돈을 빼앗긴 군민은 누구에게 하소연도 못 한 채 속으로 앓기만 했다. 이 사실을 알게 된 안중근은 김중환을 찾아가 이에 대해 따져 물었다. 안중근의 말에 거짓이나 허술함이 없이 이치에 맞으니 김중환은 아무 말도 못 하고 돈을 돌려주기로 약속했다.

또 이런 일도 있었다.

안중근이 친구들과 서울에서 산책을 하고 있었다. 그런데 웬 일본인이 말을 타고 지나가던 한국 사람을 잡아당겨 말에서 떨어뜨리더니 그 사람의 말을 빼앗아가려 했다. 이를 지켜본 안중근은 크게 화가 났다.

‘우리 땅에 들어온 일본인이 백주대낮에 저렇게 아무렇지도 않

게 행패를 부리다니. 게다가 이곳은 엄연한 우리나라가 아닌가!'

안중근은 그 일본인에게 다가갔다. 그러고는 왼손으로 멱살을 잡고 오른손으로 권총을 빼들어 그 일본인의 배에 겨누었다.

"감히 우리나라에 들어와 이런 짓을 하다니. 당장 말을 돌려주지 않으면 너를 죽이겠다."

안중근의 호통에 주변에 있던 일본인들이 몰려들었지만, 그들은 단지 지켜보기만 할 뿐 누구도 나서지 못했다. 안중근에게 멱살을 잡힌 일본인은 그 기세에 눌려 반항 한번 해보지 못하고 말을 돌려주겠다며 빌었다. 그제야 안중근은 그를 놓아줬다. 평소에도 한국에 들어와 있던 일본인들의 만행에 질려 있던 사람들은 안중근을 연호하며 함성을 질렀다.

이러한 의협심과 정의감은 안중근이 다른 사람들에게 천주교 교리를 전도하며 이야기했던 바를 몸소 실천한 것이기도 하다.

어려서부터 아버지로부터 영향을 받은 개화사상, 그리고 천주교의 교리는 안중근의 사상 형성에 큰 영향을 미쳤다. 훗날 안중근이 이토 히로부미를 저격한 뒤 재판과정에서 당당히 그 이유를 진술할 수 있었던 것도 유년시절부터 청년시절까지 형성된 이러한 사상과 신념 덕분이었다.

조국 독립에의 굶주림

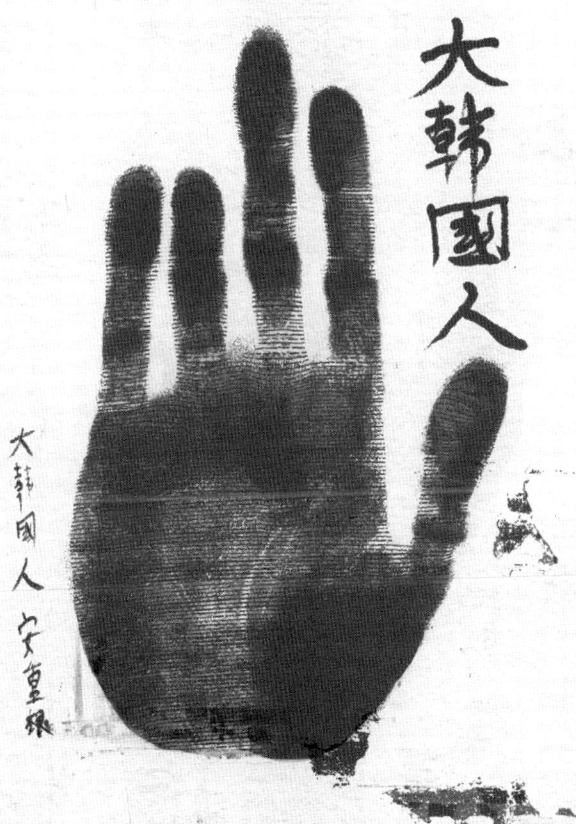

白日莫虛渡 靑春不再來
백일막허도 청춘부재래

…

세월을 헛되이 보내지 말라

청춘은 다시 오지 않는다

<h1 style="text-align:right">망국의 위기</h1>

한반도를 둘러싼 정세가 심상치 않게 돌아갔다. 특히 러시아와 일본의 관계가 심상치 않았다.

일본은 조선에서 수세에 몰려 있었다. 명성황후를 시해한 을미사변을 일으켜 반일감정이 격화된 상황인 데다, 러시아는 동청철도 부설권, 여순·대련 조차권을 차지한 뒤 압록강 하류 용암포를 점령해 극동총독부를 세워 남하정책을 추진했다. 러시아에 위협을 느낀 일본은 선전포고도 없이 인천에 정박 중인 러시아 군함을 격파하고, 여순항의 러시아 함대를 공격했다.

그리고 결국 러일전쟁이 터졌다.

전쟁이 시작되기 전 대한국정부는 러시아와 일본 사이의 대립이

심각해지자 국외중립을 선언했다. 하지만 일본은 이를 무시했다. 전쟁이 시작되자마자 서울에 군대를 진주시키고, 일본군의 한국 내 전략 요충지 수용과 군사상의 편의 제공을 강요하는 한일의정서를 강제로 체결했다.

이처럼 정세가 급박하게 돌아가는 것을 안중근은 무거운 마음으로 예의주시했다. 안중근은『황성신문』『대한매일신보』『제국신문』『공립신문』등 신문과 잡지의 논설을 통해 정세변화에 주목했고, 각국의 역사책을 진지하게 읽으며 과거와 현재를 분석하고 미래를 예측했다.

홍 신부 또한 한국의 정세가 심상치 않음을 염려했다.

"이 나라의 미래가 매우 위태롭군요."

"왜 그렇습니까?"

안중근은 현재의 상황에 대한 홍 신부의 의견을 듣고 싶어 물었다.

"러시아가 이기면 러시아가 한국을 소유하려 할 테고, 일본이 이기면 일본이 한국을 지배하려 들 것이 분명하니까요. 어떤 경우라도 한국은 좋지 않은 결과를 보게 될 겁니다."

홍 신부의 말을 들은 안중근은 마음이 더욱 무거워지는 것을 느꼈다. 평소 신문을 읽으며 생각했던 바와 홍 신부의 말이 다르지 않았기 때문이다.

안중근은 이 전쟁이 러시아와 일본 두 나라가 한국을 두고 벌이는 싸움이라는 것을 알고 있었다. 사실 전쟁이 일어나기 전까지만 해도 안중근은 러시아가 남하정책을 펼치는 것에 대해서만 염려하고 있었다. 그동안 서양의 다른 나라들도 한국을 침략하려 호시탐탐 기회를 엿보고 있었지만, 그중 제일 위험한 것이 러시아라고 생각했기 때문이다. 그것은 러시아가 서유럽 제국주의 열강 가운데 유일하게 우리나라와 영토를 맞대고 있기 때문이다. 러시아가 남하정책을 펼치면 한국은 위험해질 것이 분명했다.

그런데 전쟁이 진행되면서 안중근은 무엇인가 잘못되었다는 것을 느꼈다. 비록 일본이 한국에 반인륜적 행동을 많이 했지만, 러시아라는 서구 열강의 침략 앞에서 한국과 힘을 모아 외세를 물리치려 한다고 생각했다. 그러나 전쟁이 일어난 뒤 일본의 행태는 러시아의 그것과 다를 바가 없었다. 안중근은 일본이 전쟁을 일으킨 것이 같은 동양의 국가로서 서구 열강인 러시아의 침략을 물리치려는 게 아니라, 한국을 지배해 대륙 침략의 발판으로 삼고자 하는 의도임을 깨달았다.

안중근의 염려는 현실로 나타났다. 전쟁을 일으킨 일본은 한국 정부에 황무지개척권을 요구했고, 한국을 전쟁의 거점으로 삼았다. 한국에 들어와 있던 일본인들의 행패도 심해졌다. 이런 가운데 안중근과 마찬가지로 러시아보다는 일본 쪽에 손을 들어준 국민들과 여론도 점차 반일로 돌아서기 시작했다. 일본의 침략에 대항하기 위한 움직임도 나타났다.

그러나 결국 일본이 전쟁에 승리하며 상황은 돌이킬 수 없을 만큼 빠르게 악화되었다. 전쟁에서 이긴 일본은 한국을 지배할 계획을 빠르게 진행시켰다. 그 중심에 바로 이토 히로부미가 있었다. 이토 히로부미는 군대를 몰고 들어와 한국의 외교권을 일본에 넘기도록 협박했다. 그리고 결국 한국정부의 일곱 명의 각료 중 다섯 명이 찬성해 을사늑약이 체결되었다.

을사늑약이 체결된 것은 바로 한국이 주권을 빼앗기고 일본의 식민지나 다름없는 형국이 된 것을 의미했다. 이토 히로부미는 서울에 통감부를 설치하고는 한국정부의 모든 일을 결정했다. 즉, 한국정부는 이토 히로부미의 허락 없이는 아무 일도 할 수 없게 된 것이다.

이 시기 안중근은 나라는 물론이고, 아버지의 병환이 심해져 더욱 걱정이었다. 안 그래도 아버지의 몸이 병으로 많이 약해져 있었는데, 나라를 빼앗긴 서러움 때문에 더욱 악화되었기 때문이다.

어느 날 안중근은 아버지가 누워 계신 방을 찾았다. 그리고 조심스럽게 말했다.

"아버지, 중국에 좀 다녀와야겠습니다."

"중국에?"

안태훈은 뜻밖의 말에 놀란 듯 되물었다.

"예. 지금 상황이 걷잡을 수 없게 돌아가고 있습니다. 일본은 러시아와 전쟁을 벌이며 동양의 평화를 유지하고 한국의 독립을 굳건히 하겠다고 했지만, 그것은 한국을 집어삼키려는 술수일 뿐이었음이 명백히 드러났습니다. 게다가 이토가 중심이 되어 일본의 야심을 채우기 위해 온갖 책략과 술수를 쓰고 있어, 아무 대책도 세우지 않고 있다가는 영영 나라를 잃어버리게 될 것입니다."

"그래, 네 말이 맞다. 하지만 어찌해야 할지 모르겠구나. 뜻이 같은 사람들을 모아 의거를 일으킴이 어떠하냐?"

"그 생각도 해보았습니다. 하지만 지금 이토의 세력이 막강한데다 벌써 오래전부터 뜻있는 사람들의 모임을 없애왔습니다. 지금 남아 있는 사람들 몇몇이 의거를 일으킨들 뜻을 이루지도 못하고 부질없이 죽을 것입니다."

"그럼 어찌하면 좋겠느냐?"

"제가 알아보니 청나라 산둥과 상하이 등지에 한국인이 많이 살고 있다고 합니다. 이곳에서는 그 어떤 행동도 의심을 사고 제재를 받을 테니, 우리 집안도 우선 그곳으로 옮겨간 뒤에 방책을 도모하는 게 어떻겠습니까?"

"음, 진정 그 방법밖에는 없는 것이냐?"

"그게 최선인 듯합니다. 제가 먼저 그곳에 가서 살펴보겠습니다. 아버지께서는 그동안 아무도 모르게 떠날 준비를 하십시오. 우선 식구들을 데리고 진남포로 가서 기다리시다가 제가 돌아오면 바로 계획을 실행하도록 하시지요."

안태훈은 아들의 말에 고개를 끄덕였다.

뜻밖의 조언, 그리고 아버지의 죽음

안중근은 집을 나서 동포들이 많이 살고 있다는 산둥으로 향했다. 지금 상황에서 일본에 대항하기 위해서는 일본의 감시와 제재를 직접적으로 받지 않으며 살고 있는 동포들의 힘을 모으는 수밖에 없었다. 산둥과 상하이에 살고 있는 동포들이 힘을 모으고, 그다음 고국에 남아 있는 뜻있는 자들의 힘을 합하면 충분히 일본에 대항할 수 있을 터였다. 독립을 위한 유일한 길이라는 생각에 산둥으로 향하는 안중근의 마음은 더욱 비장해졌다.

그러나 산둥에 도착해 동포들을 만난 안중근의 마음은 더 갑갑해졌다. 일본에 의해 망해가는 고국의 소식을 전하며 힘을 모아 국권을 회복하자고 설득했지만 그들은 별로 관심을 보이지 않았다.

안중근은 크게 실망했다. 하지만 동포들을 설득하는 일을 멈추지 않았다. 단지 고국과 멀리 떨어져 있어 실감하지 못하는 거라고 스스로 위안했다.

산둥에서 별 성과를 얻지 못한 안중근은 이번에는 상해로 향했다. 상해에는 대한국의 대신이자 민씨 정권의 핵심인물인 민영익이 살았다. 그는 러일전쟁 후 상해로 건너가 살고 있었다. 안중근은 그를 찾아가 설득해야겠다고 마음먹었다.

상해에 도착한 안중근은 민영익의 집으로 찾아갔다. 집 앞에 문지기 하인을 따로 둘 만큼 부유한 생활을 하고 있었다. 그 모습을 보자 상반된 두 마음이 교차했다. 조국에서 동포들은 일본에게 핍박받고 있는데 조정의 대신이었던 사람은 이를 외면한 채 너무나도 동떨어진 생활을 하고 있는 것 같아 분하기도 했고, 한편으로는 민영익이 도와준다면 큰힘이 될 것 같기도 했다. 안중근은 민영익을 만나면 어떻게 해서든지 설득해야겠다고 마음먹었다.

안중근은 문으로 천천히 걸어갔다. 문지기가 자신을 의식하며 훑어보는 것이 느껴졌다. 안중근은 문지기에게 민영익 대감을 찾아왔다고 말했다. 그런데 뜻밖의 대답이 돌아왔다.

"대감은 한국인을 만나지 아니하오."

안중근은 자신의 귀를 의심했다. 한국인이기 때문에 만나지 않는다니. 오래전 천주교 대학을 설립하려 민 주교를 찾아가서 거절

당했을 때보다 더 큰 충격을 받았다. 그때는 그래도 상대가 외국 사람이기에 자신의 이익을 챙기는 것이 어느 정도는 이해가 되었다. 그러나 찾아온 용건을 말하지도 않았는데, 더욱이 같은 한국 사람이라는 이유만으로 만나지 않겠다는 데는 아무 말도 할 수 없었다. 혹 다른 사연이 있어 그러는 것은 아닐까? 안중근은 영문을 알 수 없었지만 이번에는 그냥 돌아서기로 했다.

다음 날, 안중근은 두세 번 더 민영익을 찾아갔다. 그러나 그때마다 문지기의 답변은 같았다. 안중근은 더 이상 참을 수 없었다.

"한국인이 되어 한국인을 만나지 않는다면 도대체 어느 나라 사람을 만난다는 것인가. 더욱이 국록을 먹은 신하로서 조국의 어려움을 못 본 체하고 자신만 편히 지내고 있으니, 어찌 이런 경우가 있을 수 있단 말이냐. 지금 나라가 어려움에 처한 것도 다 그대와 같은 관리들 때문이다. 조국을 이렇게 만든 책임 때문에 동포 앞에서 얼굴을 들 수 없는 거라면 그나마 다행이다."

안중근은 욕을 퍼붓고 그 자리를 벗어났다. 큰 실망감에 몸을 가눌 수조차 없었다.

민영익에게 실망한 안중근은 이번에는 서상근이라는 상인을 찾아갔다. 그는 인천에 살 때부터 부자였는데, 어떤 송사에 휘말려 상해로 망명한 사람이었다. 안중근은 그를 만나 고국의 상황을 설명했다. 그러고는 나라를 구할 계책이 없는지 물었다.

"지금 한국의 형세가 이러한데, 좋은 계책이 없겠소?"

그러자 서상근이 대답했다.

"나에게 한국의 일은 말하지 마시오. 나는 한국에서 장사를 하다 어떤 정부 관리에게 큰돈을 빼앗기고 몸을 피해 이곳까지 와 있소. 그런데 나라가 무슨 상관이오. 정치라는 건 정부 관리들에게나 중요하지 백성들과 상관이나 있는 줄 아시오?"

안중근은 오래전 어윤중과 민영준에게 당했던 일이 떠올랐다. 지금 이 서상근이라는 사람도 그런 식으로 관리들에게 돈을 빼앗긴 거라고 생각했다. 그 분한 마음에 이렇게 말할 수도 있겠지. 안중근은 더 힘을 내 설득했다.

"그렇지 않소. 만일 백성이 없다면 나라가 어디에 있겠소. 더구나 나라는 대신들의 것이 아니라 당당한 2천만 민족의 것이오. 국민으로서의 의무를 다하지 않고 어떻게 권리와 자유를 누리겠소. 지금은 우리 민족이 힘을 합쳐 국민으로서의 역할을 해야 할 때요."

하지만 이런 설득에도 불구하고 서상근의 입장은 확고했다.

"그대의 말이 틀렸다는 게 아니오. 지당한 말씀이오. 하지만 상관없소. 나는 장사를 해서 입에 풀칠만 하면 그만이니, 다시는 나에게 정치 애길랑 하지 마시오."

안중근은 여기에서 멈추지 않고 거듭 설득하려 했다. 하지만 서상근은 꿈쩍도 하지 않았다. 그야말로 소 귀에 경 읽기와 마찬가지였다. 안중근은 암담한 심정에 탄식하며 여관으로 돌아왔다. 온몸의 힘이 다 빠져나간 듯했다. 쓰러지듯 침대에 누운 안중근은 절망에 고개를 저었다.

'우리나라 사람들이 모두 이러니 나라의 앞날은 보나마나구나.'

하지만 안중근은 사람들을 설득하는 일을 멈추지 않았다. 아니 멈출 수 없었다. 다른 사람들이 모두 조국의 현실을 외면한다 해서 자신까지 포기할 수는 없는 노릇이었다. 게다가 조국에서 자신을 기다리고 있을 아버지와 가족들을 떠올렸다. 병환 중인 아버지에게 작으나마 희망적인 소식을 전하고 싶었다.

안중근은 민영익, 서상근을 만난 다음에도 포기하지 않고 사람들을 설득하러 다녔다.

'내가 조금 더 노력하면 사람들의 마음도 움직이겠지.'

하지만 그런 기대는 항상 좌절되었다. 그럴수록 중근의 마음속에 자꾸 비관적인 생각만 가득 찼다.

사람들을 만나지 않을 때는 근처 성당에 가서 기도를 드렸다. 나라의 앞날을 걱정하며 기도했고, 고향에 계신 아버지와 가족들을 위해 기도했다. 하루는 아침에 성당에서 기도를 드리고 나오는데, 한 신부와 눈이 마주쳤다. 안중근이 무심코 지나치려는데 문득 아는 얼굴인 듯했다. 다시 그의 얼굴을 보기 위해 고개를 돌렸다. 그런데 그 신부도 안중근을 되돌아보고 있는 것 아닌가. 잠시 뒤 신부와 안중근의 눈이 휘둥그레졌다.

"아니, 네가 여기 어쩐 일이냐?"

그는 다름아닌 곽 신부였다. 곽 신부(본명: 르 각Le Gac, 한국명: 곽원양)는 프랑스 사람인데, 몇 해 동안 황해도 지방에서 전도하며 머물렀기 때문에 안중근과는 절친한 사이였다. 그는 홍콩에 있다 한국으로 돌아가는 길이라고 했다. 그토록 절친한 곽 신부를 그것도 타국에서 우연히 만난 것이 꿈만 같았다. 안중근과 곽 신부는 여관으로 돌아가 이야기를 나누었다.

"어떻게 여기에 와 있느냐?"

곽 신부가 정말 궁금한지 재차 물었다.

"신부님, 한국의 비참한 상황을 들어 알고 계시지요?"

"그래. 벌써 들어 알고 있다."

안중근은 고개를 끄덕이며 말을 이었다.

"지금 한국은 일본의 식민지나 다름없습니다. 그래서 어쩔 수 없이 가족들과 이 중국으로 나온 다음에 동포들과 연락해 힘을 모을 작정입니다. 여러 나라를 돌아다니며 억울한 상황을 설명하고 설득해 공감을 얻으면 기회가 찾아오지 않겠습니까? 그러면 그 기회를 이용해 의거를 일으킬 작정입니다."

곽 신부는 안중근의 말을 듣고 심각하게 고민하는 듯했다. 안중근은 그의 얼굴을 가만히 쳐다봤다. 어떤 말이 나올지 궁금했다.

지금 자신이 옳은 생각을 하고 있는지, 자신의 계획이 실현가능한 일인지 곽 신부가 알려주길 바랐다. 곽 신부가 계획을 듣고 좋은 생각이라고 동의해주면 그것만으로도 큰힘이 될 것 같았다.

한참이 지나 곽 신부가 입을 열었다.

"자네가 알다시피 나는 종교인이고 전도사라 정치와는 관계가 없다. 하지만 네 말을 듣고 나니 가슴이 아프다. 나에게 한 가지 방법이 있는데, 한번 들어보겠느냐? 만약 그 방법이 이치에 맞으면 그대로 따르고, 이치에 맞지 않으면 네 뜻대로 하여라."

"그 계획이 무엇입니까?"

곽 신부는 잠시 숨을 들이마시고는 조용한 눈빛으로 안중근을 쳐다봤다.

"자네 계획도 그럴 듯하지만 다시 한번 생각해보는 게 좋겠네. 더욱이 가족들을 외국으로 옮기겠다는 것은 잘못된 생각이네. 만약 2천만 민족이 모두 자네처럼 한다면 나라는 어떻게 되겠는가? 온통 빌 것일세. 그거야말로 원수가 원하는 것 아니겠는가. 우리 프랑스가 독일과 싸울 때 두 지방을 비웠던 것을 자네도 알 것일세. 지금껏 40년 동안 그 지방을 되찾을 기회가 두 번이 있었지만, 그렇게 하지 못했네. 왜 그런 줄 아나? 바로 모두 외국으로 피해 정작 그 지방에 뜻있는 사람이 없었기 때문이네. 이를 항상 마음에 담아두게. 또 하나, 힘 있는 해외 여러 나라를 돌아다니며 억울함을 호소한다는 계획도 접어두는 게 좋겠네. 강대국들에게 호소하면 가엾다고는 할 걸게. 하지만 한국을 위해 군대를 일으키지는 않을 것이네. 이미 세계 각국이 한국의 딱한 상황을 알고 있네. 하지만 모두 제 나라 일이 우선이지 다른 나라를 돌볼 겨를은 없네. 그들이 한국을 도와줄 거라는 기대는 하지 않는 게 좋을 걸세.”

곽 신부의 말을 들은 안중근은 처참한 심정이었다. 큰마음을 먹고 세운 계획들이 모두 잘못되었다는 곽 신부의 말에, 이치를 따져가며 반박하고 싶어도 그럴 수가 없었다. 모두 옳은 말이었기 때문이다. 안중근은 그런 심정으로 곽 신부에게 물었다.

“그러면 도대체 어떻게 하면 되겠습니까?”

곽 신부는 안중근의 눈을 똑바로 쳐다보며 말을 이었다.

“자네가 항상 명심해야 할 것이 있네. 바로 교육, 사회, 민심, 실력이네. 교육을 발달시키고 사회를 확장시키며, 민심을 단합하고 실력을 양성하면 자네의 2천만 민족의 정신이 반석과 같이 튼튼해져, 수천 수만의 포를 갖고도 깨뜨릴 수 없을 것이네. 사내 한 명의 마음도 빼앗지 못한다고 했네. 하물며 2천만 사람의 마음은 어떻겠는가? 비록 일본이 강제로 맺은 조약의 문서를 들이밀며 행패를 부리지만, 거기에 주눅들어 굴복하면 안 되네. 그런 사람이 점차 늘어나면 문서에 적힌 내용은 사실이 되네. 하지만 교육을 통해 눈을 떠 신념을 갖기 시작한 사람들이 늘고, 그들이 한마음이 된다면 강토를 빼앗겼다는 것도 조약을 강제로 맺었다는 것도 모두 종이 위에 적힌 헛된 글이 되므로, 적의 일은 모두 허사로 돌아갈 것이네. 그렇게 되어야만 사업을 이룰 수 있고 목적을 달성할 수 있을 것이네. 이 방법은 세계 만국에서 두루 통하기에 자네에게 이야기해주는 것이네. 한번 잘 생각해보고 결정하게."

곽 신부의 말을 들은 안중근은 꼼짝도 할 수 없었다. 중국까지 건너와 동포들을 만나고 설득하면서 느낀 절망과 참담함 속에서 구원의 빛이 솟아오르는 기분이었다. 곽 신부가 일러준 방법은 절대 쉬운 일이 아니었다. 그리고 시간이 얼마나 걸릴지도 몰랐다. 하지만 그만큼 타당하고 힘이 있었다. 단지 눈앞의 재산을 모으고 무기를 모으는 것만이 단결하는 게 아니었다. 중국에서 만난 동포들이 어떠했던가. 조국의 비극을 두 눈으로 지켜보면서도 자신의 안위만을 생각하지 않았던가. 만약 그런 이들이 안중근의 설득에 넘어가 뜻을 모으기로 결정했다고 해도, 상황의 변화에 따라 그들이 마음을 어떻게 달리 먹을지는 아무도 알 수 없을 것이다.

안중근은 곽 신부에게 대답했다.

"신부님 말씀이 옳습니다. 그렇게 하도록 하겠습니다."

그러자 곽 신부는 아무 말 없이 안중근의 두 손을 꼭 잡았다. 안중근은 곽 신부가 꼭 잡은 손에서 어떤 말보다도 크고 힘이 되는 격려와 응원이 밴 온기를 느꼈다.

결심이 섰으니 망설일 게 없었다.

안중근은 곧 짐을 꾸려 진남포로 향했다. 돌아오는 길에 동포 모두가 한마음이 된 미래를 상상했다. 교육을 통해 성장한 한 사람한 사람의 동포들이 서로를 믿고, 조국을 믿으며 살아갈 수 있는 나라. 안중근은 이러한 미래와 그 미래를 향한 계획을 가족들에게 말하고 싶었다.

그러나 그럴 수 없었다.

진남포에 도착한 안중근은 가족들을 찾아갔다. 계획했던 대로 가족들은 모두 이곳으로 옮겨와 살고 있었다. 그러나 아버지가 보이지 않았다. 가족들은 의아한 표정으로 대문 앞에 선 안중근에게 아버지의 소식을 전했다. 진남포로 이사 오는 도중에 아버지가 세상을 뜨셨다고. 이 말을 들은 안중근은 통곡을 하며 몇 번이나 까무러쳤다.

다음 날 안중근은 청계동으로 갔다. 그곳에서 상례를 마친 안중근은 그해 겨울을 가족들과 함께 청계동에서 보냈다. 그때 안중근은 아버지의 상청(商廳: 죽은 사람을 매장하기 전까지 안치시켜놓는 장소) 앞에서 조국이 독립하는 날까지 술을 끊기로 결심했다. 그리고 죽을 때까지 한 번도 맹세를 어기지 않고 굳게 지켰다.

본격적인 구국운동

아버지가 돌아가신 바로 다음 해 3월, 안중근은 가족을 데리고 진남포로 이사했다.

떠나기 전 안중근은 지난 세월이 묻은 청계동을 하나하나 살폈다. 청계동에서의 무수한 기억들이 머릿속을 스쳐지나갔다. 처음 청계동에 발을 들인 뒤, 많은 일들이 있었다. 동학군과 맞서 싸웠던 일이며, 말을 타고 바람을 맞으며 달리던 일, 그리고 성당을 지어 포교활동을 하던 일까지 청계동 곳곳에는 많은 기억들이 배어 있있다.

가족들을 이끌고 산 아래 냇가까지 왔을 때, 아버지가 손수 바위에 새긴 '청계동천' 네 글자가 보였다. 그 모습을 보자 안중근의 마음은 더욱 무거워졌다. 아버지의 산소를 남겨둔 채 떠나는 게 마음에 걸렸기 때문이다. 그러나 언제까지나 아버지의 죽음을 슬퍼하며 지낼 수는 없는 노릇이었다. 할아버지가 그랬고 아버지가 그랬듯이 이제는 안중근 자신이 가족을 책임져야 했으며, 더불어 나라의 독립을 이뤄내기 위해 힘써야 했다.

안중근은 진남포에 양옥 한 채를 지어 살림을 시작했다. 진남포는 중국 상선이 수시로 드나드는 번창한 항구도시였다. 그만큼 서양 문물과 다양한 사람들을 많이 접할 수 있는 곳이기도 했다. 이곳에서는 세계 각지의 소식들과 한국의 정세에 대한 다른 나라 사람들의 의견도 보다 쉽게 접할 수 있었다.

진남포로 이사한 뒤에 제일 먼저 한 일은 바로 학교를 설립하는 일이었다.

'자네가 해야 할 일은 네 가지일세. 첫째는 교육의 발달이요, 둘째는 사회의 확장일세. 셋째는 민심의 단합이고, 넷째는 실력의 양성이라네. 이 네 가지를 확실히 하면 자네의 2천만 민족의 정신이 반석과 같이 튼튼해져 수천 수만의 포를 갖고도 깨뜨릴 수 없을 것이네.'

이중 무엇보다 시급한 것은 백성들을 교육해 인재를 양성하는 일이었다. 오래전 천주교 대학을 설립하려 했던 것도 바로 나라를 굳건히 하기 위함이었다. 비록 그때는 민 주교를 비롯한 외국인 신부들에 의해 무산되어 외국인인 그들을 탓했지만, 언제까지고 남의 탓만 하며 가만히 앉아 있을 수는 없는 노릇이었다.

안중근은 제일 먼저 천주교에서 운영하던 돈의학교를 인수해서 2대 교장으로 취임한 뒤, 교사를 증축하고 선생들을 증원했다. 그리고 기존의 교과과정에 교련을 배정해 집총훈련을 시키는 등 나라를 구할 영재들을 양성하는 데 힘썼다. 안중근이 이 모든 교육구국사업을 혼자만 진행한 것은 아니었다. 뜻을 같이하는 가족들과 주변 지인들이 모두 안중근의 교육사업에 동참했다.

어느 날, 학생들이 수업하는 모습을 지켜보던 안중근의 머릿속에는 또다른 생각이 떠올랐다.

'변해가는 국제 정세를 이해하고 나라의 기틀을 굳건히 하기 위해서는 서양을 알아야 한다. 그러기 위해서는 영어를 배워야 한다.'

하지만 돈의학교는 규모, 재정, 체계에서 이 모든 것을 수용하기 어려웠다.

'나라가 없으면 국민도 없다. 지금 재산을 갖고 있어봐야 나라를 일본에 빼앗기면 무슨 소용이랴.'

안중근의 머릿속에 두 사람이 스쳐지나갔다. 바로 조국은 생각하지도 않고 자신의 이익만 생각하던 민영익과 서상근이었다. 작은 힘이 있는데도 자신의 이익만을 위해 그것을 움켜쥐고 있으면 민영익이나 서상근과 다를 바가 없을 거였다. 안중근은 크게 결심하여 그해 6월에는 여러 대가 지나는 동안 모아둔 집안의 재산 대부분을 털어 삼흥학교를 세웠다.

또한 안중근은 교육구국사업 외에도 서우학회에 가입해 애국계몽운동에 참여하기도 했다. 서우학회는 정운복, 김영준, 박은식, 노백린, 안병찬, 안창호 등이 중심이 되어 조직한 애국계몽운동 단체였는데, 일제의 병탄에 반대투쟁을 벌이고 배일연설(일본 사람이나 일본 문물에 대해 배척하는 내용의 연설)을 하기도 했다.

안중근이 교육구국사업과 애국계몽운동에 참여하던 어느 날, 소식을 하나 들었다. 곧 국채보상운동이 일어날 거라는 소식이었다.

일제는 더욱 효과적으로 한국을 식민지화하기 위해 일본에서 거액의 차관을 들여왔다. 이렇게 들여온 차관은 통감부의 주도 아래 경찰기구의 확장과 한국에 사는 일본인들의 거주지 확충에 사용되었다. 일본이 자신들을 위해 사용했는데도 정부는 아무 말도 하지 못했다. 결과적으로 한국은 일본에 엄청난 빚을 지게 되었다.

그러나 빚이 있는 자는 언제나 돈을 꾸어준 이에게 당당할 수 없다는 것을 국민들은 알고 있었다. 나라의 빚을 갚아야만 한 국가의 국민으로서 나라를 지킬 수 있다는 의식이 사람들 사이에서 피어오르기 시작했다. 그리고 1907년, 국채보상회가 발기했다. 국채보상회는 국민대회를 열고 모금을 하는 등 여러 활동을 펼쳐나갔다. 그러자 각종 언론은 물론, 국민들도 적극적으로 이 운동에 참여했다. 부자와 가난한 사람, 신분의 높고 낮음에 상관없이 국민들 모두 이 운동에 참여했다.

안중근도 이 운동에 적극적으로 참여했다. 우선 부인 아려가 갖고 있던 장신구를 모두 헌납하게 했고, 주변 사람들에게 함께할 것을 권유했다. 또한 평양에서 선비 1천 명을 모아 이에 대해 설명한 뒤 많은 의연금을 거두었다.

그러나 이를 일본이 좋게 지켜볼 리 없었다.

국채보상회의 활동을 지켜보던 일본 형사 한 사람이 찾아왔다.

"회원은 몇이나 되고 얼마나 모았나?"

"회원은 2천만 명이고 1,300만 원을 모은 뒤 보상하려 한다."

안중근이 대답하자 일본 형사는 아니꼽다는 표정으로 비꼬며 말했다.

"한국인들은 하등인간인데 무슨 일을 하겠는가?"

"빚을 진 사람이 빚을 갚겠다는데, 왜 그렇게 시기하고 욕질을 하는 것인가?"

대답을 들은 일본 형사는 다짜고짜 폭력을 휘두르며 화를 냈다. 하지만 당하고만 있을 안중근이 아니었다. 함께 치고받기를 반복하다 주변 사람들이 말려 그대로 헤어졌다.

한국인에 대한 일본인의 시기와 질투는 끊임없이 이어졌다.

학교를 운영하고 국채보상운동에 참여하느라 안중근의 재산 대부분은 바닥이 나버렸다. 나라를 구하는 운동을 펼치기 위해서는 자금이 필요했다. 안중근은 자금을 마련해볼 계획으로 평양으로 가 그곳에서 회사를 차리고 석탄을 캤다. 그러나 한국인이 돈을 버는 것을 두고 볼 일본이 아니었다. 일본인들은 갖은 방법으로 안중근이 벌이는 사업을 방해했고, 결국 수천 원의 손해를 보았다.

결국 회사를 정리하고 진남포로 돌아오는 안중근의 머릿속에는 갖가지 생각들이 떠다녔다.

'이곳에서는 진정 구국운동을 펼칠 수 없는 것인가.'

그러면서 그해 초 안중근을 찾아왔던 김 진사라는 사람이 떠올랐다. 그는 아버지와 친분이 있는 사람이라고 설명하더니 안중근을 다그쳤다.

"지금 나라가 이처럼 어려운 때에 자네는 분명 그만한 능력을 갖고 있으면서도 어찌하여 활동하지 않는가? 지금 서북 간도와 러시아 영토인 블라디보스토크 등에 한국인 백만여 명이 살고 있네. 그곳이야말로 물산이 풍부해 활동하기 충분하네. 그런데 어찌 이곳에 가만히 앉아 일제의 만행을 보고만 있는 것인가?"

벌써 오래전에 만난 김 진사의 말이 떠오른 것은 단지 우연이 아니었다. 국내에서 학교를 설립해 사람들을 교육하고 또한 단체를 만들어 나라를 구하기 위해 여러 활동을 벌였다. 그러나 일제의 간섭은 점점 심해지고, 국내에서는 활동조차 제대로 할 수가 없었다.

지금 벌이는 교육구국사업과 여러 계몽활동들은 분명 큰 도움이
되며 중요한 일이었다. 그러나 어쩌면 이런 활동만으로 나라가 독
립하기를 기다리기엔 너무 늦은 것이 아닐까, 하는 생각을 막연하
게나마 하고 있었던 것이다.

조국의 독립을 위해 결심하다

그러던 중 헤이그특사 사건이 일어났다.

1907년 제2회 만국평화회의가 네덜란드 헤이그에서 열린다는 정보를 입수한 고종은 을사늑약이 황제의 뜻에 반해 일본이 강압적으로 체결한 것이라는 사실과 대한제국을 침략한 일제의 만행을 만천하에 알리기 위해 이준, 이상설을 특사로 파견했다. 만국평화회의는 제정 러시아의 니콜라이 2세가 주창한 것으로 세계 각국 정상들이 모여 군비축소와 국제분쟁 해결, 독가스 사용규제에 대해 논의하는 자리였다. 따라서 일제에 의해 주권을 침해당한 대한제국의 실상과 일제의 비합리적이고 반인륜적 소행을 전세계에 알리기 좋은 자리였다. 하지만 일제의 감시 하에서 그 계획이 순조롭

게 진행될 리 없었다.

이준과 이상설은 블라디보스토크와 시베리아를 거쳐 상트페테르부르크에 도착해 러시아 황제에게 고종의 친서를 전한 뒤, 그곳에 있던 전 러시아 공사관 서기 이위종과 함께 헤이그에 도착했다. 이들은 만국평화회의 의장이었던 러시아의 넬리도프를 만나 고종의 신임장을 전달하고 회의에 참여할 것을 요구했다.

그러나 목적을 이루기는 쉽지 않았다. 우선 일본의 방해공작 때문이었다. 세 특사의 등장에 당황한 일본은 물밑에서 세계열강들을 만나, 을사늑약을 맺었으므로 한국에게 외교권이 없다는 사실을 주지시켰다. 당시 일본은 헤이그에 가장 많은 수의 특사를 파견했고, 이들의 공세에 세계열강들은 입을 다물었다.

또다른 이유는 러시아의 배신 때문이다. 이준과 이상설이 러시아의 황제를 만나러 갔을 때, 이미 러시아는 대한국에 대한 입장을 바꾼 상태였다. 러일전쟁에 패배한 이후 한국에 대한 일본의 우위권을 인정하고 어떠한 간섭과 방해도 하지 않겠다는 비밀협약을 맺은 것이다. 러시아의 넬리도프가 이준 등의 특사에게서 고종의 신임장을 전달받기 전, 이미 그는 본국으로부터 한 통의 연락을 받았다.

이준, 이상설 등의 한국 특사가 도착할 것인데, 그들과 협상하지 말 것.

결국 대한제국의 세 특사는 만국평화회의에 참석하지 못했다. 하지만 그들은 여기서 멈추지 않았다. 당시 헤이그에는 세계 각국의 언론과 시민운동가들이 몰려와 있었다. 이들은 회의장 주변에서 평화와 평등을 외쳤다. 한국의 세 특사는 이들에게 일제의 만행과 을사늑약의 부당함을 알리려고 노력했다. 이들은 각국의 특사들을 만나 설명하고, 시민운동가와 언론 앞에서 연설을 하는 등 세계 각국의 주목을 끌었다. 그러나 아쉽게도 구체적인 성과는 얻지 못했다.

그러나 비극적인 사건은 이것으로 끝나지 않았다. 이토 히로부미가 헤이그 특사 파견을 빌미로 삼아 고종을 강제 폐위시켰던 것이다. 일본은 1907년 7월 20일 강압적으로 양위식을 행했는데, 고종은 물론 황위를 물려받을 황태자도 참석하지 않은 채였다. 이토 히로부미의 만행은 이것으로 그치지 않았다. 한국에 대한 통제를 강화하기 위해 정미7조약을 강제로 맺어 법령제정, 관리임명, 행정 등의 권리를 장악하고, 신문지법과 보안법을 공포해 언론을 탄압하고 집회와 결사의 자유를 빼앗았다.

또한 더 이상 유지가 어렵다는 이유로 한국 군대를 해산시켰다. 이에 곳곳에서 의병이 일어나고 한국 병사 700여 명이 무장항쟁을 일으켰다. 그러나 일본군의 신식무기 앞에서 이들은 처참하게 무너질 수밖에 없었다. 해산된 군대의 병사들은 전국 각지로 흩어져 의병들과 합류하여 항일투쟁을 벌였다.

한편 군대가 해산되고 병사들이 일본군의 기관총 앞에 쓰러져 가는 것을 목격한 안중근은 온몸이 갈기갈기 찢어지는 느낌이었다. 안중근은 부상당한 병사들을 병원으로 실어나르고, 그들을 구조하는 데 힘썼다. 그러는 동안 안중근의 마음속에는 확신이 생겼다.

'이제 교육구국사업이나 애국계몽운동으로는 나라를 되찾을 수 없다. 다른 방도를 모색해야겠구나.'

안중근이 집에 돌아온 것은 저녁 늦은 시각이었다. 평소와는 다른 안중근의 분위기에 아내 아려는 갑자기 불안해졌다. 집에 돌아오자마자 방 안에 틀어박힌 채 생각에 몰두하던 안중근이 가족들을 불러 모은 것은 자정이 다 되어서였다. 가족들은 모두 의아한 표정으로 안중근을 쳐다봤다. 단 한 사람, 부인 아려만이 어쩐지 남편의 눈을 쳐다보지 못한 채 고개를 떨구고 있었다.

가족들이 모두 모이자 안중근은 입을 열었다.

"나는 집과 나라를 떠나 조국의 통일을 위해 일하기로 결심했다."

"형님!"

난데없는 선언에 동생들은 깜짝 놀라고 말았다. 동시에 아려의 마음도 덜컹 내려앉았다.

"내가 지금 집을 나선다고 조국이 독립한다는 보장은 없다. 하지만 예로부터 영웅은 신념과 의지로 그 목적을 달성할 때까지 노력하고 시도했다. 나도 그렇게 할 것이다. 조국이 독립하는 날까지 내 목숨이 다하는 한이 있더라도 애쓸 것이다. 만약 그러지 못한다면 나는 돌아오지 않겠다."

가족들은 아무 말도 하지 못했다. 처음에는 깜짝 놀라 안중근을 만류하던 동생들도 입을 다물 수밖에 없었다. 안중근이 빈말을 하지 않는 사람이라는 것을 알기에 더욱 그랬다. 그 어떤 말로 만류해도 안중근의 마음은 이미 조국 해방을 향한 신념으로 가득 차 결정을 바꾸지 않을 게 분명했다.

이 소식을 들은 홍 신부도 안중근을 찾아왔다.

"도마, 당신은 주님의 자식인데 어찌하여 그런 생각을 한단 말이오. 이곳에서 노모와 가족들을 부양하며 주님께 기도하면 언젠가 조선의 독립도 이루어지지 않겠소?"

말리려 한 소리였으나 홍 신부의 목소리에는 힘이 없었다. 한번 결심하면 절대로 꺾지 않는 안중근의 성품을 아는 데다, 기도만 하라기에는 일본의 만행이 하늘을 찌를 정도로 악랄하다는 것을 알고 있었기 때문이리라. 안중근은 그런 홍 신부를 보며 말했다.

"하느님도 언젠가 우리 한국의 자녀들에게 이런 화를 내린 것을

후회하신다면 우리가 나라를 찾게 도와주시겠지요. 그러면 여기에
있는 우리 모두가 다시 한자리에 얼굴을 맞대고 모일 수 있게 되겠
지요."

홍 신부는 더 이상 아무 말도 하지 못했다.

집을 떠나기 전, 청계동을 찾은 안중근은 아버지의 묘소를 찾았
다. 항상 나라와 가족을 걱정하던 아버지. 아버지는 아들의 결정을
어떻게 생각하실까? 불의를 보면 참지 못하던 아버지, 항상 의를
중요시하던 아버지였다. 안중근은 분명 아버지가 자신을 자랑스러
워할 것이고, 또한 하늘에서 응원해주시리라 믿었다. 다만 가족들
을 남겨두고 가는 것은 아버지 앞에서 영 죄송스러웠다. 주위를 둘
러보았다. 항상 그랬듯 청계동의 풍광은 아름다웠다. 다시는 이곳
에 오지 못할지도 모른다는 생각에 잠시 가슴이 먹먹해졌다.

청계동에서 집으로 돌아오는 길에는 성당에 들러 홍 신부와 인
사를 나누고, 돈의학교와 삼흥학교의 교사, 학생들을 만나 인사를
나누었다. 안중근은 이미 두 학교를 동생들에게 부탁해놓았다.

"나는 나라를 떠나 조국을 위해 항일운동을 펼칠 것이다. 너희
는 이곳에 남아 학교를 맡아다오. 교육은 나라의 미래다. 너희가
가르친 아이들이 나중에 커서 이 나라를 위해 일할 수 있을 것이
다. 그것을 항상 명심해라."

집에 돌아와 짐을 꾸린 안중근은 마지막으로 가족들을 쳐다봤

다. 부인 아려, 세 자식들, 동생들. 다시는 보지 못할지도 모르는 얼굴들이다.

아내는 다른 가족들과는 달리 말리지도, 그렇다고 쉽게 보내주지도 못했다. 안중근은 생이별을 앞둔 아내의 그런 마음을 알고 있었으나 내색하지도, 위로하지도 못했다. 혹여라도 결심이 무뎌질까봐서였다.

그리고……

어머니.

안중근은 가슴이 찢어지는 듯했지만, 그 모든 것을 억누르고 태연한 얼굴로 고개를 들었다. 벌써 연로하신 어머니를 다시 볼 수나 있을까, 이게 마지막은 아닐까.

'우리들이 이 나라를 되찾는 날, 일본을 몰아내고 이 땅에 평화가 찾아오는 날, 다시 돌아와 어머니 앞에 무릎 꿇고 그동안 못한 효도를 다하겠습니다.'

이런 마음을 다 안다는 듯 어머니는 꼿꼿한 자세로 앉아 아들을 쳐다보았다.

네 마음 다 안다, 알아. 사내로 태어나 나라를 위해 큰일을 할 수 있는 인물이 되었구나. 비록 지금 헤어지지만, 언제 다시 만날지 모르지만, 항상 내 아들을 자랑스러워하마.

어머니의 눈빛과 표정이 이렇게 말하는 듯했다. 안중근은 약한

마음을 몰아내고 마음을 다잡았다. 그러고는 어머니와 가족들에게
짧게 인사한 뒤, 멀고도 험한 조국의 독립을 위한 여정을 시작했다.

평화를 부른 세 발의 총성

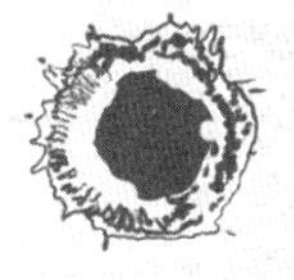
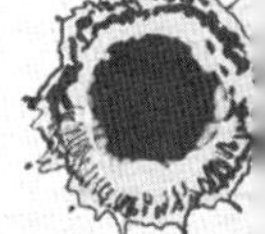
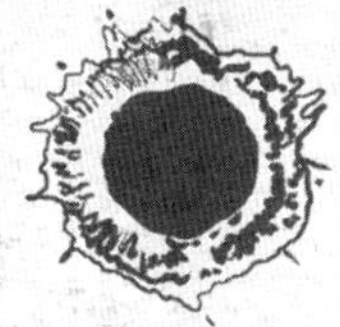

謨事在人 成事在天
모사재인 성사재천

…

일을 도모하는 것은 사람이지만
일의 성패는 하늘의 뜻에 달려있다

북간도에서 러시아로

쌀쌀한 10월 바람이 기선 위로 몰아쳤다. 날이 어두워질수록 파도도 거칠어졌다. 배 위에 나와 한참 동안 컴컴한 바다를 응시하던 안중근은 옷깃을 여미며 고개를 들었다. 잠시 뒤면 블라디보스토크에 도착할 예정이었다.

진남포에서 간도로 떠나올 때도 안중근은 희망적인 계획을 구상 중이었다. 간도에는 일제의 압박을 견디지 못한 동포들 다수가 옮겨와 척박한 땅을 개간해 이미 삶의 터전을 일군 상태였다. 게다가 천주교가 일찍부터 전래되어, 동포이면서 천주교 신자인 이들이 많이 살았다. 또한 작년 이동녕과 이상설이 만든 서전서숙도 활발한 활동을 펼치고 있었다.

하지만 간도에 도착해 목격한 것은 예상과 전혀 다른 동포들의 삶이었다. 우선 간도로 향하는 것조차 쉬운 일이 아니었다. 배편은 일본인이 수시로 검문을 했고, 뭍으로 이동하는 것도 쉬운 일이 아니었다.

우여곡절 끝에 간도에 도착한 안중근은 약 서너 달 동안 천주교 신자인 동포의 집에 머물며 간도의 실태를 파악했다. 그러나 간도에서의 삶은 비참 그 자체였다. 간도 영토와 관련하여 대립하고 있던 청나라 사람들은 틈만 나면 동포들을 핍박했고, 치안이 좋지 않아 수시로 도둑떼가 출몰해 동포들의 재산을 약탈해갔다.

무엇보다 절망적인 것은 조선통감부 임시간도파출소가 설치된 것이었다. 고종 황제를 강제 퇴위시킨뒤 한국의 행정, 사법, 군·경찰 통제권을 갖게 된 일본은 한인들을 보호한다는 핑계로 간도에 임시파출소를 설치해 동포들을 감시하고 통제했다. 어찌나 치밀하고 철저하게 간도 지역을 관할했던지, 그곳에서 독립군을 창설하는 것은 불가능해 보였다. 또한 간도로 옮겨가 살던 동포들이 가장 중요시했던 것은 생계였기에, 일본 임시파출소의 눈을 피해 독립운동을 시도하려는 이를 만나기가 쉽지 않았다.

'간도에서는 뜻을 펼치기가 불가능하구나. 도대체 어디로 가야 한단 말인가.'

간도에 머무르는 동안 이곳에서 무리해봐야 소용없다는 것을 깨달은 안중근은 새로운 장소를 물색하기 시작했다. 이런 안중근의 머릿속에 떠오른 것은 바로 블라디보스토크였다. 러시아 영토인 블라디보스토크에는 한인들이 모여 살면서 조직을 만들어 활동한다고 들었다. 특히 블라디보스토크 근처 연해주 지방의 연추라는 곳에는 간도 감찰사를 지내고 러일전쟁 때부터 항일의병활동을 주도했던 이범윤이라는 사람이 있고, 홍범도 등이 이끄는 의병부대가 활동했다. 어쩌면 이곳이야말로 안중근이 찾던 바로 그곳이었는지도 몰랐다.

우선 연추에 도착한 안중근은 그곳 한인들이 모여 있는 곳을 찾아갔다. 그곳에는 최재형이 있었다. 그는 1860년대에 러시아에 귀화하여 상선을 타기 시작한 이후부터 무역업을 통해 큰 재산을 축적했다. 부를 축적한 최재형은 러시아에서 가난하게 살아가는 동포들을 위해 재정적으로 돕는 것은 물론, 학교를 설립해 교육활동도 했다. 넉넉한 재산, 그리고 이를 동포를 위해 쓸 줄 아는 마음 씀씀이에 연해주 지방 한인들은 물론 러시아 당국의 믿음과 기대를 한 몸에 받았다. 또한 이러한 자신의 사회적 이점을 살려 연해주 지역에서 펼치는 의병운동을 적극적으로 지원했다.

안중근은 사람들에게 수소문해 최재형이 살고 있다는 곳을 알아냈다. 신망이 높기로 이름이 알려졌다더니 과연 연해주 지방에서 최재형을 모르는 사람은 없었다. 사람들이 일러준 대로 찾아간 안중근은 러시아풍으로 지어진 커다란 집 앞에 섰다. 과연 한눈에도 재력가가 사는 집이라는 것을 알 수 있었다.

"그래, 여기까지 오느라 수고 많으셨소."

최재형은 안중근을 집으로 들이더니 따뜻한 차를 대접했다. 그러나 다정다감하게 대접하는 그의 눈빛과 말투에는 일종의 경계가 서려 있었다. 안중근은 그 이유를 알 듯했다. 의병활동을 적극적으로 지원하는 그가 아무나, 그것도 처음 보는 사람을 쉽게 믿을 수 없는 것은 당연한 것인지도 몰랐다. 아마도 지금 자신을 보며 믿을 만한 사람인지를 판가름하고 있을 거라는 생각이 머릿속을 스쳐지나갔다. 안중근은 오히려 그런 그가 더 믿음직스러웠다.

"저는 안중근이라고 합니다. 황해도 해주 출신입니다. 저는 지금 막 간도에서 이곳으로 오는 길입니다."

"그래 어쩐 일로 여기까지 나를 찾아왔소?"

안중근은 대한제국의 실상과 이를 지켜보며 결심하게 된 일, 그리고 간도에 도착해서 이곳까지 찾아오게 된 경위를 상세히, 그리고 진심을 담아 털어놓았다. 때로는 침착하게 때로는 일제의 만행에 분개하며 이야기를 했다. 그러는 동안 지난 시간들이 다시 한번 가슴을 스쳐지나는 듯했다. 그리고 독립을 위해 일하려는 자신의 포부를 직접 입 밖으로 꺼내는 내내, 그 마음이 더욱 확고해지는 것을 느꼈다.

이윽고 안중근이 말을 끝내자, 최재형은 자신의 잔에 차를 따라 한 모금 마시더니 아무 말 없이 잠시 눈을 감은 채로 있었다. 안중근은 그의 얼굴을 뚫어지게 쳐다봤다. 이 사람은 나를 믿지 않는 것인가? 과연 이 사람은 내가 기대할 수 있는 사람인가?

얼마 뒤, 최재형이 눈을 감은 채 말을 꺼냈다.

"우리 아버지는 노비였소. 어머니는 기생이었지. 아버지는 내가 열 살 되던 해 이곳으로 이주해왔소. 당시 조국에서는 기근으로 굶어죽는 사람이 허다했고, 그만큼 지주들의 횡포가 심했지. 굶어죽지 않는 방법은 기근을 피하고 노비라는 신분으로부터 자유로워지는 것뿐이었소. 삼엄한 국경경비를 피해 간신히 지신허 마을에 도착했소. 그곳에는 이미 먼저 도망쳐 온 동포들이 마을을 이루고 살았지. 그런데 그곳에서도 먹고 살 길은 막막했어. 땅을 새로 개척해야 했으니까. 결국 나는 도망쳤소. 차라리 구걸을 하며 하루하루 연명하는 게 낫겠다는 생각을 한 거요."

최재형은 잔에 차를 더 따라주었다. 그러더니 안중근을 향해 물었다.

"죽을 만큼 배가 고픈 적 있소?"

안중근은 말없이 최재형을 쳐다봤다. 사실 안중근의 집안은 대대로 물려받은 가산이 있었기에 허기진 배를 움켜쥔 적은 없었다.

잠시 생각하는 사이, 최재형은 자신의 잔에 차를 따르며 말을 이었다.

"정말 배가 고프기 때문에 차라리 죽는 게 낫겠다는 생각을 해본 적 있느냐 말이오. 집을 빠져나와 걷고 또 걸었소. 걷다가 죽는 한이 있더라도 그곳보다는 나을 거라는 생각으로 걸었지."

안중근은 앞에 놓인 찻잔을 들어 목을 축였다. 오랜 시간의 여정으로 몸이 많이 지쳐 금방이라도 쓰러질 듯했지만 정신만은 더욱 또렷해졌다.

"걷다가 쓰러졌던가보오. 눈을 떴을 때는 러시아인 부부가 나를 보살피고 있었소. 그 부부 내외는 나를 친자식처럼 살폈소. 그들 중 남편은 선장이었는데, 나는 그를 따라다니며 세계 이곳저곳을 돌아다닐 수 있는 행운을 누렸소. 선장 부인은 내게 러시아어와 서양 학문들을 가르쳤지. 그때가 아마 제일 행복했던 시절이었을 거요. 나는 그때 느꼈소. 내가 느낀 굶주림은 단지 육체적인 것만이 아니었다는 걸 말이오."

최재형은 눈을 감고 마치 그 시절을 떠올리는 듯한 표정을 지었다.

"노비의 자식으로 태어난 나는 배울 수도 없었소. 나는 단지 음식 같은 물질적인 것에 대한 굶주림뿐만 아니라 이 세상을 알고 싶다는, 세상 모든 것을 알고 싶다는 굶주림에도 허덕이고 있었던 거요. 그리고 육체적인 굶주림과 지적인 굶주림을 그 부부 덕분에 채울 수 있었지. 내게 그 부부는 빛과 다름없소."

한참을 고백하듯 말하던 최재형이 드디어 눈을 떴다. 그리고 안중근을 쳐다봤다.

"당신이 여기까지 온 것도 그런 굶주림 때문이겠지? 조국을 떠나 이곳까지 온 것도, 다시 블라디보스토크로 떠나려 하는 것도 모두 말이오. 조국에 대한, 그리고 동포에 대한, 그리고 자신의 뜻에 대한 굶주림."

안중근은 고개를 들었다. 그리고 최재형의 눈을 뚫어지게 쳐다봤다. 그의 눈빛에서 아까 살짝 비쳤던 의심의 그림자는 사라진 채였다. 그런 안중근을 최재형은 미소지으며 바라봤다.

"그렇다면 이번에는 내가 빛이 되겠소. 당신의 굶주림을 채워줄 빛 말이오. 지금 그 눈빛, 그 어떤 것도 감내할 각오가 서려 있는 그 눈빛을 항상 간직하시오. 그러면 나는 어떤 방식으로라도 당신이 걷는 길을 비추도록 노력하겠소."

순간 안중근의 눈앞에는 정말 한 줄기 빛이 솟아난 듯했다. 그래, 이 사람은 큰 인물이다. 앞으로 함께 뜻을 이어갈 사람이다, 라는 확신이 안중근의 가슴속에 가득 차올랐다.

"그런데 어째서 이렇게 저를 믿는 겁니까?"

안중근의 물음에 최재형이 웃으며 대답했다.

"당신의 뜻과 내 뜻이 지금 이 순간에 이르러 우연히 만났기 때문이겠지. 마치 어린 시절의 내가 선장 부부를 만난 것처럼 말이오. 그리고…… 당신이 이곳에 오기 전 학교를 세워 운영했다는 말을 듣고 이미 확신했소."

안중근은 그를 쳐다봤다.

"조국의 독립을 위한 길은 분명 하나가 아닐 거요. 당신이 그랬던 것처럼 나 또한 이곳에서 동포들을 위해 학교를 운영하고 있지. 배움과 지식은 무력으로 깨뜨릴 수 없는 강한 힘이오. 그러나 모든 것은 때를 잘 만나야 하오. 지금은 단지 교육만으로는 독립을 이룰 수가 없소. 저들의 칼과 총이 학교도 겨누고 있기 때문이지. 그러나 그렇다고 교육과 앎이 정답이 아닌 것은 아니요. 외적인 힘과 내적인 힘이 조화를 이룰 때 더욱 강해지는 법이지. 단, 지금은 외적인 힘이 확연히 약하기에 그에 집중할 필요가 있소. 당신은 그것을 위해 왔고. 그렇죠?"

안중근은 고개를 끄덕였다.

"나에게는 재산이 있소. 동포들의 앎을 위해 교육을 할 수도, 그리고 외적인 힘을 키울 무기를 살 수도 있을 만큼 충분하오. 다만 내게는 확신이 필요하오. 내 힘을 충분히 이용할 수 있는 사람 말이오."

최재형은 갑자기 안중근의 손을 부여잡았다.

"안 동지라면, 충분히 해내리라 생각하오. 우리 함께 조국의 독립을 위해 애씁시다."

안중근은 동지라는 말에 더욱 감정이 격해지는 것을 느꼈다. 그래, 이런 사람도 있다. 조국을 등지고 외면하는 사람만이 아니라, 진정으로 위하고 자신의 모든 것을 바치는 사람도 있다. 안중근은 고국을 떠난 뒤 처음으로 가슴이 희망으로 가득 차는 것을 느꼈다.

대한제국 의병 창설

이윽고 배가 블라디보스토크 항구에 닿았다. 안중근은 배에서 내리자마자 한인들이 거주하고 있는 지역을 찾아갔다. 그곳에 머물 곳을 정한 안중근은 우선 블라디보스토크의 실정을 살피기 시작했다. 우선 사오천 명의 한인 주거지역에는 학교도 몇 개 있었고, 청년회도 조직되어 있었다. 게다가 이곳에는 조국의 독립을 꾀하는 애국지사들이 많이 머물렀다. 러일전쟁에서 패배해 일본에 적개심을 갖게 된 러시아가 한국의 독립 운동가들에게는 어느 정도 관대했기 때문이다.

'이곳은 사정이 나은 편이구나. 게다가 뜻이 같은 사람들이 많이 모여드니 앞으로의 일을 도모하기에 좋다.'

안중근은 마을을 돌아다니며 사람들에게 조국의 소식을 전하며 항일애국운동을 펼쳐나갔다. 또한 청년회에 가입하여 임시사찰로 뽑히기도 했다. 청년회에 든 안중근은 회원들과 함께 근처 지역들을 돌아다니며 사람들을 교육하고 설득해 의병활동을 하도록 설득했다.

안중근은 생각했다.

'한시라도 빨리 힘을 모아 의병을 일으켜야 한다. 일본군의 위세가 더 커져 언제 이곳까지 장악하려 할지 모른다. 이렇게 마냥 사람들을 설득하고 가르칠 수만은 없다. 무엇보다 중요한 것은 바로 힘이다.'

이런 생각에 안중근은 블라디보스토크에 머물고 있던 애국지사들을 찾아다니며, 의병을 조직하여 일으킬 것을 설득하고 다녔다. 그 애국지사 중 한 사람이 바로 이범윤이었다.

이범윤은 간도 관리사를 지내다 러일전쟁 때부터 항일의병부대를 이끌던 사람이었다. 그러나 러일전쟁에서 러시아가 패배한 뒤에는 러시아로 건너와 때를 살피고 있었다.

안중근은 이범윤을 만나 설득했다.

"지난 러일전쟁 때, 각하(특정 고급 관료에 대한 경칭이나, 현재 우리나라에서는 사용하지 않음)는 러시아를 도와 일본을 쳤는데, 이는 하늘의 뜻을 어긴 것이라 할 수 있습니다. 왜냐하면 이때는 일본이 동

양의 대의를 들어 동양평화와 대한의 독립을 굳건히 할 뜻을 세계
에 밝히고, 러시아를 쳤기 때문입니다. 그때는 그것이 하늘의 뜻이
고 대의가 분명했기에 일본이 승리할 수 있었습니다.

그런데 이제는 각하께서 의병을 일으켜 일본을 치는 것이 하늘
의 뜻에 순응하는 일입니다. 왜냐하면 현재 이토는 지난날을 믿고,
망령되고 건방져서 교만하고 극악해져 온갖 악행을 저지르고 있습
니다. 위로는 천황을 속이고 백성들을 함부로 죽이며, 이웃나라와
의를 끊음은 물론 세계의 믿음과 의를 저버리고 있습니다. 그야말
로 하늘의 뜻을 거스르고 있기 때문입니다. 그러니 각하께서 의병
을 일으키는 일이 바로 하늘의 뜻을 따르는 일이지요.

각하께서는 이 점을 염두에 두고 속히 의병을 일으켜서 하늘의
뜻에 따라야 합니다."

그러나 이범윤의 대답은 예상 밖이었다.

"자네가 한 말이 맞네. 하지만 의병을 일으키기 위해서는 재정
이나 군기가 필요하네. 하지만 지금은 마련할 길이 없지 않은가?"

"조국의 흥망이 조석에 달려 있습니다. 이런 상황에 마냥 팔짱
끼고 앉아 기다린다고 재정과 군기가 하늘에서 떨어져 내려오겠
습니까? 하늘에 순응하고 사람의 도리를 따르는데 어떤 어려움인
들 헤쳐나가지 못하겠습니까? 제가 비록 재주는 없지만 각하께서
의거를 일으킬 각오만 한다면, 제가 만분의 일이나마 힘이 되겠습

니다."

안중근은 간곡하게 설득했다. 하지만 여전히 이범윤은 마음을 정하지 못하고 머뭇거렸다. 이후에도 안중근은 의거를 일으킬 것을 이범윤에게 제안했다. 그러나 역시 쉽게 결정을 내리지는 못했다. 나라의 독립을 위하는 일이었지만, 이처럼 같은 동포끼리도 쉽게 뜻을 맞추지 못한다는 사실에 안중근은 가슴이 저려왔다.

하지만 모든 사람이 뜻이 맞지 않았던 것은 아니다.

안중근은 그곳에서 의협심이 강한 두 사람을 만났다. 바로 엄인섭과 김기룡이었다. 세 사람은 의거를 일으켜야 한다는 데에도 뜻이 맞았다. 또한 무엇보다 셋 모두 의리를 중히 여겼고 정이 두터웠다. 이중 나이가 많은 엄인섭이 큰형이 되고, 그 다음이 안중근, 김기룡이 셋째가 되었다. 세 사람은 의병을 조직해 의거를 일으켜야 한다는 계획 아래 많은 일들을 모의했다. 우선 의병부대 창설을 위한 '동의회'를 조직해 최재형을 회장으로 추대한 뒤, 각 지방을 돌면서 사람들을 만나 연설하며, 조국의 독립을 위해 다함께 힘을 모을 것과 의병부대의 필요성을 설득했다.

"현재 우리 한국의 참상을 여러분은 아십니까, 모르십니까. 일본은 러시아와 전쟁을 하면서 '동양평화를 유지하고 한국독립을 굳건히 한다'고 했습니다. 하지만 지금 일본의 만행을 보십시오. 이같이 중대한 의리를 지키지 않고 도리어 한국을 침략해 5조약

(을사늑약)과 7조약을 강제로 맺은 다음, 황제를 폐하고 군대를 해산하고 한국의 자원을 빼앗지 않은 것이 없습니다. 이같은 만행에 2천만 민족이 분개했고, 의병들이 곳곳에서 일어났습니다.

그런데 보십시오. 저들은 도리어 우리를 폭도라고 말하며 군사를 풀어 참혹하게 살육하고 있습니다. 강토를 빼앗고 사람들을 죽이는 자가 폭도입니까, 아니면 제 나라를 지키고 외적을 막는 사람이 폭도입니까.

우리 한국 민족이 이 왜놈들을 죽이지 않는다면 한국은 없어질 게 분명하며 동양도 말살되고야 말 것입니다."

안중근이 연설을 할 때마다 많은 사람들이 모여들어 함께 분개하며 연설을 들었다.

"지금 한국에서는 의병이 일어나지 않는 곳이 없습니다. 하지만 의병이 패한다면 일본은 우리에게 폭도라는 이름을 붙여 서슴없이 살육을 저지를 것이고, 집집마다 불을 지를 겁니다. 그런 뒤에 한국 민족이 무슨 면목으로 세상에 나설 수 있겠습니까.

그러니 바로 지금, 국내외를 막론하고 한국인들은 남녀노소 할 것 없이 총을 들어 일제히 의거를 일으켜야 합니다. 이기고 지고, 잘 싸우고 잘 못 싸우고의 문제가 아니라 통쾌한 싸움을 하여 천하 후세의 부끄러운 웃음거리를 면해야 할 것입니다. 만약 이처럼 싸우기만 하면 세계열강의 공론도 없지 않을 것이니, 독립할 희망도 있을 것입니다.

분명 일본은 5년 이내에 반드시 러시아, 청국, 미국 등 3국과 더불어 전쟁을 하게 될 겁니다. 그런데 이때 한국인이 아무 준비도 하지 않는다면, 설사 일본이 전쟁에 지더라도 한국은 다시 다른 도둑의 손안에 들어갈 것입니다. 그러니 지금 의병을 일으키는 것은 물론, 끊임없이 의병활동을 해서 큰 기회를 잃지 말아야 할 것입니다. 스스로 강한 힘으로 국권을 회복해야만 진정한 독립을 이룰 수 있을 것입니다."

안중근은 이렇게 연설하며 지방 곳곳을 돌았는데, 이 연설을 보고 들은 사람들이 많이 합류했다. 어떤 이들은 자원해서 출전의사를 밝혔고, 또 어떤 이들은 병기를 내놓거나 의금을 내어 돕기도 했다.

의병을 일으키기 위한 노력은 여기서 그치지 않았다. 머뭇거리며 결단을 못 하던 이범윤을 여러 번 만나 다시 설득하는 것은 물론, 각 지역의 의병장들을 만나 설득하고 함께하겠다는 뜻을 모았다. 또한 연추 지역에서 활발한 활동을 펼치던 최재형은 물론, 헤이그 특사의 일원으로 활동하다 블라디보스토크로 돌아온 이위종 등과도 만나 의거를 계획했다.

이러한 노력이 결실을 맺은 것일까. 마침내 각 지역의 의병들이 합심하여 '결의록'과 '동맹록'을 작성한 뒤 연합부대를 창설했다.

총독은 김두성, 대장은 이범윤이었다. 안중근은 의군참모중장에 선임되었다. 의군이 조직될 수 있었던 데는 러시아의 신임을 받았던 최재형의 공이 컸다. 러시아 장교들을 설득해 무기를 입수할 수 있었던 것이다. 그의 재력도 한몫을 했다.

의군참모중장에 선임된 안중근은 우선 모인 의군들의 훈련에 열중했다. 전투에 앞서 그들의 마음을 다잡아야 했다. 수적으로도 열세인 데다 의병 한 사람 한 사람의 역할이 전투를 결정지을 수 있기 때문에 무엇보다 확고한 의지를 갖는 게 중요했다.

"지금 우리들은 이삼백 명밖에 안 된다. 적은 강하고 우리는 약하다. 그러므로 적을 가벼이 여겨서는 안 된다. 병법에 이르기를 '비록 백 번 급한 바쁜 일이 있더라도 만전의 방책을 세운 연후에는 큰일을 꾀할 수 있다'고 했다. 한 번 의거로 성공할 수 없을 것은 뻔한 일이다. 하지만 첫 번에 이루지 못하면 두 번, 세 번, 열 번에 이르고, 백 번을 꺾여도 굴하지 않고 금년에 못 이루면 다시 내년에 도모하고 내년, 내후년, 십 년, 백 년이 가도 좋다. 우리 대에 목적을 이루지 못하면 아들 대, 손자 대에서라도 반드시 대한국의 독립권을 회복할 거라는 굳은 각오가 필요하다. 그렇게 앞으로 나아가고 뒤로 물러나고, 급히 나아가고 천천히 나아가고, 앞일을 미리 준비하고, 뒷일도 마련하는 식으로 모든 방법을 준비하면 반드시 목적을 달성할 수 있을 것이다."

안중근은 의군들에게 굳은 마음을 심어주기 위해 노력했다. 물론 안중근의 말을 탐탁지 않게 생각하는 이들도 있었다. 이곳에 모인 사람들이 권력이 있는 사람과 재산가, 주먹 센 사람들, 관직이 높은 사람들, 나이 많은 사람을 높이 여기는데 안중근은 이런 권력 가운데 한 가지도 갖지 못했기 때문이다. 그러나 그런 것에 아랑곳하지 않고, 훈련과 사상교육을 계속했다. 어렵게 꾸려진 의군이었고, 조국의 독립이라는 커다란 과제가 눈앞에 있었기 때문이다.

영산의 전투

그리고 1908년 7월, 드디어 의군부대는 국내진입작전을 감행했다. 대한의군은 무기를 비밀리에 두만강 근처로 수송했다. 두만강 지역은 한국과 중국, 러시아의 접경지역으로 3개국을 넘나들며 일본군 수비대를 급습하거나 후퇴할 수 있는 전략적 요충지였다. 대한의군은 부대를 해로와 육로, 두 방향으로 나누어 진입해 무산에서 최종 집결하기로 했다. 무산에서는 홍범도가 진영을 차리고 있었다. 이렇게 두만강 상류 지역까지 회복한 다음, 모든 부대를 집결시켜 본격적인 국내진공작전을 펼칠 계획이었다.

지신허에서 출발한 안중근의 부대 삼백여 명은 두만강을 건너 회령에서 무산으로 이동했다. 낮에는 엎드려 수풀에 몸을 숨기고,

밤에는 어둠 속에 숨어 길을 걸었다. 그러는 동안 한국에 주둔하던 일본군 수비대와 몇 차례 충돌했다. 체계적으로 군사훈련을 받은 데다, 러일전쟁 등 몇 차례 전쟁을 경험한 일본군과 싸우는 것이 쉽지 않다는 것을 안중근과 의군들은 알았다. 때문에 강한 정신력과 치밀한 작전으로 대응할 수밖에 없었다.

의군부대는 게릴라작전을 펼쳤다. 무작정 총을 들고 일본군에게 돌진하는 게 아닌 일본군 수비대를 기습 공격하고 뒤로 후퇴하는 식이었다. 지금까지와는 다른 의군들의 전략으로 일본군은 여러 명의 사상자를 내고 결국 후퇴했다. 이런 승리가 거듭되자 의병부대의 사기는 날로 높아졌다. 또한 많은 군수품을 챙기고 포로도 붙잡았다.

어느 날, 안중근은 포로들을 불러오라 지시했다. 부하들에게 끌려온 포로들은 안중근의 눈도 제대로 쳐다보지 못했다. 안중근은 그들을 아무 말 없이 노려보다 꾸짖기 시작했다.

"너희들은 모두 일본의 백성들이다. 그런데 어찌하여 러일전쟁을 시작할 때 동양평화를 유지하고 대한독립을 굳건히 한다는 뜻을 지키지 않는가? 러일전쟁에서 이기자마자 이렇게 대한제국을 침략하니 이것을 평화독립이라 할 수 있는가? 이것이 강도짓이 아니고 무엇이냐!"

안중근의 호통에 일본인 포로들은 눈물을 흘리며 대답했다.

“그것은 우리들의 본심이 아닙니다. 저희도 어쩔 수 없이 전투에 참여한 겁니다. 사람이 세상에 태어나 살고 싶지 죽고 싶어하겠습니까? 그런데 이렇게 만리 바깥 싸움터에서 참혹하게 죽게 생겼으니 원통할 따름입니다. 오늘 이런 상황이 생긴 것은 모두 이토 히로부미 때문입니다. 제 마음대로 권세를 주무르고, 일본과 한국의 귀중한 생명을 죽이면서도 자신은 편안하게 지내고 있으니, 우리 또한 억울하고 분통합니다. 저희는 단지 농사꾼과 장사치에 불과합니다. 그런데 이토 히로부미가 동양평화는 생각하지도 않고 제 욕심만 채우니 일본인인 저희도 살기 어려운 것은 마찬가지입니다. 게다가 이렇게 헛되이 죽게 생겼으니 억울합니다.”

포로들은 애원하며 안중근에게 억울함을 호소했다. 안중근은 잠시 생각에 잠겼다. 안중근은 이들의 말이 진심이라 생각했다. 특히, 비록 일본인이기는 하지만 이토 히로부미의 만행으로 전쟁과 상관없는 민간인들까지도 피해를 본다는 말에 공감했다. 단지 빠져나가기 위해 내뱉은 말일지도 몰랐다. 하지만 이토 히로부미의 만행을 정확히 알고 있는 자들이 거짓된 마음을 갖지는 않을 거라 생각했다. 안중근은 잠시 생각에 잠겼다가, 이윽고 입을 열었다.

“너희들을 살려 보내겠다.”

그 말에 포로들은 물론 그 자리에 있던 의병들까지 깜짝 놀라 안중근을 쳐다봤다.

"돌아가거든 그처럼 나라를 어지럽히는 자들을 쓸어버려라. 만약 또 그같은 잔악한 무리들이 또다시 이웃나라를 침해하고 없애자는 의견을 내면 쫓아가서 쓸어버려라. 그러면 그런 자가 열 명이 되기 전에 동양평화를 꾀할 수 있다. 그대들은 그렇게 할 수 있는가?"

포로들은 하나같이 모두 그렇게 하겠다고 대답을 했다. 그 대답에 안중근은 결박을 풀어주었다. 또한 총포를 갖고 가지 않으면 군율을 면하기 어렵다는 말에 무기들도 돌려주었다.

안중근은 전쟁 중에 적군을 죽이는 것은 어쩔 수 없지만, 포로로 잡은 이들은 만국공법에 따라 죽여서는 안 된다고 생각했다.

그러나 이 사실을 안 다른 의병들은 안중근을 질타했다.

"저들은 우리 의병들을 잡으면 남김없이 참혹하게 죽이고 있소. 또 우리도 저들을 죽일 목적으로 이곳에 와서 목숨을 걸고 싸우는 것이오. 그런데 애써 잡은 적들을 이렇게 놓아주면, 도대체 우리는 무슨 목적으로 싸우는 것이란 말이오?"

이에 안중근은 대답했다.

"지금의 만국공법에 사로잡은 적병을 죽이는 법은 없소. 또한 우리들은 개인적인 감정이나 원한으로 의병을 일으킨 게 아니오. 동양평화라는 대의를 짓밟고 우리 동포들을 학살하는 저들의 행동이 정의에 어긋나기 때문에 이를 바로잡기 위해 의병을 일으킨 것

이오. 적들이 그러한 행동을 한다고 해서 우리도 똑같은 일을 저지
른다면 적들과 같은 사람이 될 뿐이오. 충성된 행동과 의로운 거사
로써 이토의 포악한 정략을 성토해 세계에 널리 알린 다음에야 한
을 풀고 국권을 회복할 수 있을 것이오. 그것이 약한 것으로 강한
것을 물리치고 어진 것으로 악한 것을 대적한다는 것이오. 부디 여
러 말 하지 마시오.”

그러나 이런 안중근의 말에도 다른 장교들의 화는 풀리지 않았
다. 안중근과 행동을 함께할 수 없다며 자신의 부대를 데리고 떠나
는 사람도 있었다. 그중에는 의형제를 맺은 엄인섭도 있었다.

엎친 데 덮친 격으로, 이렇게 부대가 혼란스럽고 어수선한 가운
데 일본군이 습격을 했다.

“모두 흩어져라. 습격이다!”

부대가 제대로 정비되지 않은 상태인 데다, 벌써 이탈해버린 의
병들도 있었기에 일본군의 습격을 막아내는 것은 불가능했다. 의
병들은 일본군의 습격에 그동안의 전투로 얻은 자신감을 잃고 우
왕좌왕하기 시작했다. 안중근은 최대한 부대들을 모아 반격하며
퇴각하려 했다. 그러나 일본군의 무차별 총알 세례를 받은 의병들
이 곳곳에서 쓰러져갔다. 도무지 정신을 차릴 수가 없었다. 또한
더욱 안중근을 절망스럽게 한 것은 자신이 풀어준 포로들이 일본
군에 합류하여 안중근 부대에 대한 정보를 모두 파악하고 있었다

는 점이었다.

일본군의 습격을 받은 지 네다섯 시간이 지났다.

그러는 동안 날은 저물고 폭우가 쏟아지고 있었다. 적의 총알을 피해 숲속을 헤치고 내려가는데, 바로 앞길도 구분하기 힘들었다. 나무들을 손으로 짚어 도망하고, 때로는 구르기도 하면서 안중근은 대피했다.

그 이튿날, 의병들 육칠십여 명을 만났다. 상황을 묻자, 모두들 뿔뿔이 흩어졌다고 했다. 안중근은 하늘을 올려다봤다. 그 동안의 전투와 승리가 모두 부질없게 여겨졌다. 그러나 참담한 심정에 마냥 빠져 있을 수만은 없었다. 남은 의병들을 추슬러 재정비한 뒤 빠져나가야 했다. 그러나 그것은 쉽지 않았다. 일본군의 습격에 충격을 받은 데다, 이틀이나 굶어 서로 자신만 살겠다고 발버둥쳤다. 식량이 없어 풀뿌리를 캐 허기를 채워야 했다. 이런 상황에서 군기가 제대로 설 리 없었다. 이런 모습을 보자 안중근은 창자가 끊어지는 기분이었다.

안중근은 의병들을 달랬다.

"내가 먹을 것을 찾아보겠소."

그러고는 어둠 속에 몸을 숨긴 채 마을을 찾으러 내려갔다. 얼마나 걸었을까. 험한 숲길인데다, 일본군의 눈을 피해 걷느라 마을을 찾아 이동하는 일이 쉽지 않았다. 그렇게 험한 숲길에서 넘어지고 일어서기를 수십 번, 다행히 작은 마을 하나를 찾을 수 있었다. 안중근은 다시 돌아와 의병들을 데리고 마을로 들어갔다. 사정을 이야기하자 마을 주민들이 음식들을 내주었다.

"이제 어떻게 해야겠소?"

보리밥과 따끈한 국으로 허기와 추위를 달랜 의병들은 앞으로의 일을 논의하기 시작했다. 그러나 딱히 좋은 수가 나지 않았다. 게다가 다들 제 생각만 했다. 이들에게 복종심과 군기는 찾아볼 수 없었다. 안중근은 절망했다. 지금 이들을 데리고서는 제갈공명이라도 어떻게 할 수 없을 듯했다.

의병들은 산속을 헤매고 있을 동료들을 하나라도 더 찾아 함께 돌아가기로 결정했다. 배를 채운 의병들은 동료를 찾기 위해 조심스럽게 이동했다. 하지만 그곳에는 이미 복병들이 진을 치고 있었다. 또 한 번 일본군의 습격을 받은 안중근의 부대는, 이번에는 총 한 번 쏘지 못하고 죽거나 뿔뿔이 흩어졌다. 애초에 다시 전투를 할 수 있는 마음상태가 아니었던 데다, 적이 기관총으로 무차별 공격을 가하는 데는 어쩔 도리가 없었다. 결국 남은 의병들마저 모두 흩어졌고, 안중근도 일본군의 공격을 피해 깊은 산속으로 도망칠 수밖에 없었다.

시간이 얼마나 흘렀을까.

단신으로 숲속을 헤매던 안중근은 더 이상 일본군의 추격이 없다는 것을 확인하고 재촉하던 발걸음을 멈췄다. 그리고 나무에 등을 대고 쓰러지듯 주저앉았다. 며칠을 산속에서 구른 탓에 옷과 얼굴이 말이 아니었다. 그러나 옷보다 더 헤진 것은 마음이었다. 그 어느 때보다도 처참한 심정이었다. 안중근은 산길 낭떠러지 앞에 서서 하늘을 올려다봤다. 분명한 패배였다. 패배보다 더욱 가슴 아픈 것은 의병들이 단합하여 한 번 제대로 붙어보지도 못하고 무너졌다는 사실이었다. 그러나 이미 일어난 일이었다. 안중근은 마음을 고쳐먹었다.

'그래, 이미 일어난 일이다. 여기서 주저앉으면 정말 패배하는 것이다. 어떻게든 이곳을 빠져나가 돌아가야 한다. 다시 의병을 조직해 일본군과 맞서 싸워야 한다.'

안중근은 용기를 내어 다시 발걸음을 옮겼다. 산의 지형과 걸어온 길을 가늠하며 앞으로 나아가야 할 방향을 찾았고, 혹 자신처럼 흩어져 헤매는 이들을 만날 수 있을까 주변을 유심히 살폈다. 다행히 산으로 무사히 몸을 숨긴 이들 서넛과 다시 만날 수 있었다.

"이제 어쩌면 좋겠소?"

일본군의 눈을 피해 안전한 곳에 몸을 숨긴 뒤, 안중근은 동료들에게 물었다. 그러나 쉽게 대답하는 이가 없었다. 모두 몰골이 말이 아니었고, 많이 지친 듯했다.

"뭘 어쩌겠소? 목숨이 닿는 한까지는 살아야지. 살아서 돌아가야지!"

그러자 다른 이들이 허탈한 목소리로 대꾸했다.

"일이 이렇게 되다니 차라리 스스로 목숨을 끊는 게 낫겠소. 게다가 잡히기라도 하면 저들은 우리를 고문해 뒤를 캐려 할 것이오."

"무슨 말이오. 차라리 포로가 되는 게 낫지 않겠소?"

사람들의 의견은 모두 달랐다. 이들의 대화를 듣고 있자니 가슴이 무너지는 듯했다. 안중근은 문득 생각난 시 한 수를 그들에게 읊어주었다.

사나이 뜻을 품고 나라 밖에 나왔다가
큰일을 못 이루니 몸 두기 어려워라
바라건대 동포들아 죽기를 맹세하고
세상에 의리 없는 귀신은 되지 말자

그러고는 말을 이었다.

"그대들은 뜻대로 하시오. 나는 산 아래로 내려가 일본군과 한바탕 장쾌하게 싸우겠소. 그렇게 대한국 2천만 사람 중의 한 사람이 된 의무를 다한 다음에는 죽어도 한이 없소."

안중근은 총을 들고 적진을 향해 천천히 걸었다. 의병들에게 한 말은 진심이었다. 이렇게 패배할지라도 아무것도 안 하는 것보다는 나았다. 또한 이것으로 되었다는 생각이 들었다.

그러는데 한 사람이 말렸다.

"안 동지는 다시 생각을 해보시오. 당신은 다만 한 개인의 의무만 생각하는 거요? 연추에서, 고향에서 우리를 기다리는 사람들을 생각해보시오. 수많은 생명과 훗날의 큰 사업을 위해 몸을 아끼시오. 지금 목숨을 버린다고 해서 큰 이익을 거두지는 못하오. 모든 일에는 때가 있고 기회가 있소. 어서 돌아가 큰일을 도모하는 것이 이치인데, 어찌 이런 생각을 한단 말이오!"

안중근은 그의 말을 듣고 잠시 생각했다. 과연 그의 말이 옳았다. 의병을 일으켜 몇 번의 승리를 했고, 또 패배도 했다. 그러나 나는 고향을 떠나올 때 마음먹은 대로 최선을 다했는가? 아니면 지금 몸과 마음의 고통을 견디지 못해 스스로 포기하려는 것인가. 조국이 독립하는 날까지 고향에도 돌아가지 않기로 마음먹었다. 만약 여기에서 불필요하게 목숨을 버린다면, 그것은 독립을 위한 일이 아니라 나약한 감정에 빠져 일본에 굴복하는 것이나 마찬가지였다.

안중근은 그의 손을 붙잡았다.

"그대의 말이 맞소. 큰일을 하려면 능히 굽히기도 하고, 능히 버티기도 해야 하는 것이오. 조국의 독립이라는 목적을 성취하기 위해 당신의 말을 따르도록 하리다."

그들은 다시 길을 나섰다. 그러는 중에 동료들 몇몇과 만나 합류하기도 하고 다시 헤어지기도 했다. 밤에 장맛비가 퍼부어 지척을 분간하기 힘들었고 길은 다닐 수조차 없게 험했다. 결국 그들은 길을 잃고 제각각 흩어졌고, 안중근과 함께 남은 동료는 둘뿐이었다.

안중근과 두 동료는 며칠 동안이나 그렇게 험한 산길을 헤맸다. 일본군의 눈을 피하기 위해 낮에는 이동을 자제하고 밤에 주로 움직였다. 밤길은 무척 험했다. 안개와 구름 때문에 앞이 보이지 않았고, 비에 젖어 지독한 추위에 시달렸다. 게다가 신발조차 제대로 신지 못해 담요를 찢어 간신히 감싸기는 했지만, 험한 길을 오래도록 걷다보니 그 담요마저 상처에서 흐른 피로 흥건했다. 무엇보다 견딜 수 없었던 것은 배고픔이었다. 허기는 몸뿐만 아니라 정신까지도 고통스럽게 만들었다.

죽을 만큼 배가 고픈 적 있소?

정신이 혼미해진 탓일까? 이곳이 춥고 배고픈 산속이 아니라 얼마 전 찾아갔던 최재형의 집인 것만 같았다.

그래. 그때 그는 분명 이렇게 물었다. 배고픔을 느껴본 적 있냐고. 그때 나는 뭐라고 대답했던가. 아니, 대답은 하지 않았다. 대신 가족들과 함께 밥을 먹으며 이야기를 나누던, 즐거웠던 순간을 떠올렸다. 가족들, 고향에서 기다리는 가족들…….

그때 갑자기 최재형의 단호한 목소리가 들려왔다.

'나는 그때 느꼈소. 내가 느낀 굶주림은 단지 육체적인 것만이 아니었단 걸 말이오.'

내 굶주림.

순간 안중근은 정신이 번쩍 드는 듯했다. 그래, 이런 굶주림이야 언제든지 겪을 수 있다. 하지만 조국을 잃으면, 그때는 이 위장에 음식이 가득 찬들 무슨 소용이 있는가. 조국의 독립. 그것이야말로 내 굶주림이다.

안중근이 눈을 떠보니 두 동료들도 제각기 쓰러져 허덕이고 있었다.

"잠시만 기다리시오. 내 인가에 내려가 먹을 것을 좀 얻어오겠소."

가까스로 기운을 차린 안중근은 두 동료를 놓고 먹을 것을 찾기 위해 산 아래로 내려갔다. 얼마나 내려갔을까? 나무들 사이로 불빛이 보였다. 안중근은 불빛을 향해 걸음을 재촉했다. 그동안 어찌나 고생을 했던지 발걸음조차 마음대로 내디딜 수 없었다. 그러나 먹을 것을 얻어먹을 수 있으리라는 생각 하나로 안중근은 이를 악물고 그곳을 향해 걸어갔다.

그런데!

인가로 여겼던 그곳은 일본 병사들의 초소였다. 문을 열고 나오는 일본군을 본 순간, 안중근은 반사적으로 움직여 풀숲에 숨었다.

그리고 서둘러 동료들에게로 가 이르고, 함께 몸을 피했다. 어떻게 그토록 재빨리 움직일 수 있었는지 안중근 스스로도 납득할 수 없을 정도였다. 그러나 그것도 잠시, 기력이 다한 안중근은 땅바닥에 쓰러졌다. 머리가 어지러웠다. 그대로 실신할 지경이었다. 안중근은 간신히 정신을 차리고 하늘을 향해 기도했다.

"죽을 운명이라면 여기서 죽게 하시고, 살 거라면 어서 살 방도를 주십시오."

그러는데 어디선가 물소리가 났다. 안중근은 소리를 따라 거의 기어가듯 움직였다. 그곳에는 냇물이 흐르고 있었다.

"이보시오. 여기 물이 있소."

안중근의 말에 나머지 동료 둘이 허겁지겁 모여들었다. 그리고 세 사람은 배부를 때까지 물을 퍼마셨다. 그나마 살 것 같았다.

이후에도 시련은 계속되었다. 길을 헤매다 인가를 찾았는데, 그 집의 주인은 일본군에게 보복당할 것이 두려워 먹을 것을 조금 주고 내쫓았고, 어떤 사람은 일본군에 넘기겠다며 폭행을 하려 들었다. 어둠 속에서 좁은 길목을 지나다 일본 병사를 만난 일도 있었다. 컴컴한 가운데 일본 병사가 안중근을 향해 총을 서너 방 쏘았지만 다행히 맞지 않고 산속으로 피했다.

얼마나 걸었을까. 산속 깊은 곳에서 집 한 채를 발견했다. 여러 번 인가를 찾다가 험한 꼴을 보았기에 안중근은 불안했다. 그러나 선택의 여지가 없었다. 안중근은 문을 두드렸다. 그랬더니 한 노인이 문을 열고 나왔다.

"아니, 무슨 일이시오?"

안중근은 밥을 좀 얻어먹을 수 있겠냐고 물었다. 그러자 노인은 사방을 살피더니 말했다.

"어서 들어오시오."

방에서 기다리는데, 얼마 뒤 문이 열리더니 노인이 상을 차려왔다. 안중근과 동료들은 음식을 보자마자 말은 하지도 않고 허겁지겁 먹어치우기 시작했다. 지금까지 먹은 그 어떤 음식보다도 맛있고, 배불렀다. 염치도 없이 배를 채우고 나서야 12일 동안 단 두 끼밖에 먹지 못했다는 것을 생각해냈다. 목숨을 부지한 것조차 기적이었다.

안중근과 동료들은 노인을 향해 크게 감사했다. 그리고 지금까지 겪은 고초를 상세히 설명했다. 그러자 노인은 조용한 목소리로 대꾸했다.

"기쁨이 다하면 슬픔이 오고, 고생이 끝나면 즐거움이 온다고 하지 않소. 너무 걱정하지 마시오."

그러더니 말을 이었다.

"지금 일본 병사들이 이 일대를 샅샅이 뒤지고 있다오. 수색을 피해 여기까지 온 것만으로도 용한 일이오. 내가 길을 일러줄 터이니, 꼭 그대로 따르시오. 알겠소?"

그러면서 노인은 두만강을 건너 돌아가는 길을 일러주었다. 안중근은 노인에게 진심으로 인사하고, 동료들과 다시 길을 떠났다.

돌아오는 내내 세 사람 모두 아무 말이 없었다. 그리고 서로 무슨 생각을 하는지도 알지 못했다. 단지 걸을 뿐이었다. 앞으로, 앞으로, 돌아가기 위해서.

"쉿! 들어보시오."

동료 하나가 일행을 멈춰 세웠다. 과연 어디선가 물소리가 들리는 듯했다. 세 사람은 허겁지겁 소리가 나는 곳으로 뛰어갔다. 유유히 흐르는 두만강 물줄기가 달빛에 빛나는 게 보였다. 안중근과 동료들은 구름이 달빛을 가리는 때를 기다렸다가 강을 건넜다.

그리고 한참을 더 걸었다.

저 멀리 불빛이 보였다. 그들은 한편으로는 기대를, 다른 한편으로는 두려운 마음을 안고 마을을 향해 다가갔다. 조심스럽게 다가가 살펴보니 동포들이 사는 마을이었다. 안중근 일행은 그제야 마음을 놓았다.

손가락을 잘라 맹세하다

안중근이 연추로 돌아온 것은 출전한 지 한 달 반 만이었다. 동료들과 지인들은 만나서도 안중근을 알아보지 못했다. 오랫동안 굶고 고생을 해서 뼈만 남은 듯 비쩍 말랐기 때문이다.

연추에서 십여 일을 지낸 안중근은 곧 블라디보스토크로 출발했다. 그곳에 도착하니 동포들은 환영회를 준비했다. 그러나 안중근의 마음은 편치 않았다.

"패전한 장수가 무슨 면목으로 여러분의 환영을 받겠소."

그러나 동포들은 무슨 소리냐는 듯 말했다.

"이기고 지는 것은 전투에서 항상 있는 일이오. 그런데 그것이 뭐가 부끄럽소? 더구나 그런 위험한 곳에서 이렇게 무사히 살아

돌아오지 않았소. 그것만으로도 충분히 환영할 일이오.”

동포들의 말에 안중근은 못 이긴 척 환영회에 참석했으나, 시종 답답한 마음을 달랠 길이 없었다.

이후 안중근은 하바로프스크 방면으로 향했다. 그곳에 살던 한국인의 집에 거처를 마련하고, 그곳에서 교육에 힘쓰고 혹은 단체를 조직하며 항일독립운동을 전개할 기반을 마련했다.

그러다 연추에 돌아온 것은 1909년 1월이었다.

안중근은 평소 뜻을 함께하던 동지들을 불러모았다. 총 12명이었다.

“우리들은 독립운동을 펼치기 위해 이곳에 모였지만, 아무 일도 이루지 못했소. 이는 참으로 부끄러운 일이오. 게다가 의병을 일으켜 활동하고는 있지만, 상황은 나아지지 않았소. 오히려 더욱 일제의 압박을 받고 있소. 이제는 다른 방법을 모색할 수밖에 없소.”

안중근은 국내진입작전 뒤 가까스로 살아돌아와 생각했던 바를 동지들에게 이야기했다. 의병을 일으키는 것도 중요했지만, 무엇보다 필요한 것은 독립을 향한 굳은 의지와 단합이었다.

“독립을 향한 우리의 꿈은 같소. 하지만 우리 각자의 꿈이 한데 모아질 때 더욱 큰 위력을 발휘할 수 있소. 그렇게 하지 않으면 어떤 일이든 목적을 이룰 수 없을 거요. 우리의 굳은 의지를 모아 단합하여 단체를 만드는 것이 어떻겠소?”

안중근의 말에 그 자리의 분위기가 점점 더 숙연해졌다. 그리고 엄숙한 기운이 감돌았다.

"좋소!"

동지 하나가 안중근의 말에 동의하자, 다른 동지들도 고개를 끄덕이며 강한 의지를 드러냈다. 동지들의 반응을 지켜본 안중근은 말을 이었다.

"무엇보다 중요한 것은 단합이고 결의요. 한마음으로 나라를 위해 몸을 바쳐 목적을 달성하겠다는 결의로 우리 모두 손가락을 끊어 맹세를 맺는 것이 어떠하오?"

순간 그곳에 있던 사람들은 모두 긴장하고 말았다. 손가락을 끊다니. 그들은 놀라 안중근을 쳐다보았다. 안중근의 눈빛은 확고한 결의로 가득 차 있었다. 그리고 그의 결심은 주변 동지들에게도 일순간에 퍼졌다. 그 자리에 있던 사람들 모두 입을 앙다물고 고개를 끄덕였다.

안중근이 먼저 칼을 들었다. 그리고 마침내 열두 사람 모두 왼손 약지를 끊어, 그 피로 태극기 앞면에 '대한독립(大韓獨立)' 글자 넉 자를 크게 썼다.

"국가가 위급하여 국민이 모두 멸망할 지경인 지금, 기다리면 좋은 때가 올 거라는 생각이나 외국이 도와주면 된다는 말은 다 쓸데없다. 이들은 조국의 독립을 위해 일할 생각이 없는 것이다. 우리 2천만 동포가 몸과 마음을 모아 생사에 관계없이 노력해야만 국권을 회복할 수 있을 것이다. 우리 동포는 말로는 애국을 외친다. 그러나 실제로 뜨거운 결의로 독립을 위하는 단체가 없으니, 우리가 지금 이 자리에서 동의단지회를 조직한다. 우리가 손가락을 하나씩 끊은 것은 국가를 위해 몸을 바치겠다는 결의이자, 우리가 단합하겠다는 의지이다. 우리 모두 힘을 모아 변하지 말고 조국 독립을 이룬 후에 태평한 세상을 누리도록 합시다."

안중근이 외치자 동지들은 일제히 '대한독립만세'를 세 번 불러 하늘과 땅에 맹세했다.

동의단지회는 이후 조국의 독립을 위해 여러 일들을 했다. 주변을 돌아다니며 교육에 힘쓰고, 조국 독립의 뜻을 모았다. 또한 여러 신문을 읽어 주변 정세를 파악했다. 동의단지회의 이러한 활동은 당시 러시아의 규제로 주춤했던 의병활동을 대신할 만한 아주 중요한 독립운동이었다. 일본이 러시아에 의병활동을 탄압할 것을 요구했기 때문이다. 안중근은 이런 상황에서는 더 이상 의병투쟁이 힘들다는 것을 알고, 장기적인 안목을 갖고 동의단지회 활동을 지속했다.

그런데, 어느 날부턴가 아무 이유도 없이 안중근의 마음이 울적해졌다. 하루 종일 아무것도 하지 못한 채 서성였다. 도대체 이유를 알 수 없었다. 자신의 마음이 꼭 자기 것이 아닌 것처럼 여겨졌다.

그러던 중 전보를 받았다. '대동공보사(社)'에서 보낸 전보였다.

속히 이곳으로 올 것.

『대동공보』는 블라디보스토크를 거점으로 하여 러시아 교포들의 기관지 역할을 하는 신문으로, 자주독립과 국권회복을 고취하는 기사와 논설을 주로 실으며 연해주 지역 독립운동의 구심점 역할을 했다. 그곳에는 이강이라는 사람이 있었는데, 1907년 안중근과 처음 만난 뒤로 아주 가깝게 지내는 사이였다. 안중근은 전보를 한참 들여다보았다. 이강이 보낸 전보인 게 분명했다. 그런데 그 전보를 보자 이런 생각이 퍼뜩 들었다.

'그래 블라디보스토크로 가야 한다.'

안중근은 전보를 보자마자 블라디보스토크에 가면 그간 자신이 느꼈던 감정들이 말끔히 해소되리라는 생각에 사로잡혔다. 그리고 어느새 이런 생각은 안중근의 마음속에 굳은 결심으로 자리 잡았다.

안중근은 이 사실을 주변 지인들에게 알렸다.

"아니, 갑자기 왜 그곳에 간다는 거요?"

그들은 의아해했다. 그러나 안중근은 명확히 대답할 수 없었다.

자신도 모르기 때문이었다.

"지금 가면 언제 돌아올 예정이오?"

그 말에 안중근은 서슴없이 대답했다.

"다시는 돌아오지 않겠소."

사람들은 그 말에 깜짝 놀란 듯했다. 그러나 무엇보다 놀란 것은 안중근 자신이었다. 도대체 어째서 그런 생각을 하고, 그렇게 대답했는지 스스로도 알 수 없었기 때문이다.

친구들과 작별한 안중근은 블라디보스토크로 향하는 기선을 타러 갔다. 마침 우연히 기선이 떠나는 시각에 맞출 수 있었다.

'다행이다. 운이 좋았구나.'

안중근이 기선을 타러 갔던 보로실로프 항구에서는 일주일에 한두 번만 기선이 출항했기에 만약 이때 타지 못했다면 언제 블라디보스토크에 갈 수 있을지 모를 상황이었다. 게다가 그곳에 가려는 명확한 목적이 없었기에, 만약 그때 배를 타지 못했다면 마음을 접고 다시 돌아왔을지도 모를 일이었다.

마침내 기선이 블라디보스토크에 도착했다.

'도대체 왜 이곳에 오려는 마음이 들었을까?'

사람들을 따라 배에서 내리던 안중근은 여전히 같은 생각에 빠져 있었다. 그런데 이상한 소리가 들려왔다.

"이토 히로부미가 이곳에 온다고?"

놀라 옆을 돌아보니 두 사람이 대화를 나누는 중이었다. 안중근은 그들에게 다가갔다. 그리고 최대한 감정을 숨기고 그에게 물었다.

"그게 무슨 소리입니까?"

"아니, 못 들었소? 이토가 얼마 안 있어 이곳에 온다는 소문이 자자한데……"

안중근은 어쩐지 자신이 이곳에 오게 된 이유를 막연하게나마 알 것도 같았다. 그러나 섣불리 판단할 수 없었다. 사실을 정확히 확인해야 했다.

안중근은 우선 동포 한 사람의 집으로 가 짐을 풀고 밖으로 나왔다. 주변의 분위기를 살피기 위해서였다. 먼저 여러 신문을 사 읽었다. 과연 이토가 만주 지역으로 올 거라는 소식이 실려 있었다. 또한 주변 동포들도 이토 히로부미의 방문을 화제 삼아 이야기를 나누었다. 그러나 신문도 사람들의 말도 정확히 일치하는 것은 없었다. 하지만 이토 히로부미가 만주로 오는 것은 사실인 모양이었다.

'여러 해 소원하던 바를 이제야 이루게 되다니! 이토가 여기서 내 손에 끝나는구나!'

안중근은 남몰래 기뻐했다.

이튿날, 더 정확한 사실을 확인하기 위해 대동공보사로 찾아갔다. 안중근은 이곳으로 오라는 전보를 보낸 이유를 알 것 같았다. 사무실 안으로 들어가자 이강이 안중근을 맞이했다.

"여기까지 오느라 수고 많았소. 전할 소식이 있어 이곳으로 불렀소."

"오면서 소식 들었습니다."

이강의 표정을 보니 아마도 예상이 맞는 모양이었다. 이강은 곧 안중근을 사장실로 데려갔다. 사장은 유진율이라는 사람이었는데, 그도 역시 국권회복운동을 활발히 펼쳤다. 유진율은 안중근을 보자마자 환한 얼굴로 맞이했다.

사장실에서 이야기를 나누고 밖으로 나온 안중근은 이강에게 물었다.

"그래, 이토 히로부미가 온다는 소식은 정확한가?"

안중근의 물음에 이강은 대답했다.

"그래. 이미 일본을 떠났다는 외신 보도가 있었네. 자세한 일정은 모르네만, 만주 하얼빈으로 온다는 것만은 사실인 듯하네."

"그렇다면, 이곳에 있을 게 아니라 하얼빈으로 가야겠군."

그때 불쑥 문이 열리며 웬 사내가 들어왔다. 사무실 안에서 조용히 이야기를 하던 안중근과 이강은 문 쪽으로 고개를 돌리며 입을 다물었다.

"어? 안 동지!"

사내는 바로 우덕순이었다. 우덕순은 대한의군 국내진입작전 때 함께했던 동지였는데, 그도 구사일생으로 살아돌아와 이곳 블라디보스토크에서 담배 행상을 하며 『대동공보』의 판촉과 수금을 맡고 있었다. 우덕순은 안중근을 보자 한편으로는 매우 반가워하면서도, 한편으로는 어떤 일로 왔는지 알고 있다는 듯 묘한 눈빛으로 쳐다봤다.

안중근은 우덕순을 데리고 밖으로 나갔다. 조용히 이야기할 곳이 필요했다. 이곳에 온 뒤로 신문사 기자들이나 애국지사들이 안중근을 볼 때마다 의아하게 쳐다봤던 것이다. 그들도 이토 히로부미가 온다는 소식을 들어 알았고, 그런 시점에 안중근이 블라디보스토크에 왔다는 사실을 의심했기 때문이다. 안중근은 자신이 이곳에 온 목적을 철저히 숨기려 노력했다.

"자네도 이토 히로부미 소식을 듣고 왔는가?"

아는 사람들이 이렇게 물어도 안중근은 엉뚱한 대답으로 화제를 돌렸다.

"이토 한 사람 죽인다고 문제가 해결되겠나? 그런 얘기보다는 나 같은 사람에게 맞는 멋진 여자를 찾는 광고를 내주는 게 어떻겠나?"

왜냐하면 한인들 중에도 일본의 밀정들이 숨어 있을 게 분명했기 때문이다. 정말 믿을 수 있는 사람 외에는 이 일에 관해 논의할

수 없었다. 또한 안중근의 계획을 알게 되면, 이토를 저격한 뒤에
도 함께 가담했다는 이유로 처벌당할 것이 분명했기에 많은 사람
들이 연루되는 것을 원치 않았다.

안중근과 우덕순은 조용한 곳에 마주 앉았다. 그러고는 이토를
죽일 계획을 털어놓았다.

"이제 때가 되었네. 나는 하얼빈으로 가네. 자네는 어찌할 텐가?"

"당연히 가야지. 자네와 함께하겠네. 나 또한 이토의 만행에 분
노한 지 오래네."

서로의 뜻을 확인한 두 사람은 굳게 손을 잡고, 앞으로의 계획을
논의했다.

안중근은 지금이라도 당장 하얼빈으로 떠나고 싶었다. 그러나
그곳으로 움직일 비용이 없었다. 한참을 고민하던 끝에 한국 황해
도 의병장 이석산을 떠올렸다. 안중근은 그가 의병활동을 위해 군
자금을 모아놓았다는 사실을 알았다.

이석산을 찾아가니 그는 마침 집을 떠나려는 참이었다. 안중근
은 그에게 잠시 시간을 내줄 것을 부탁했다. 그러고는 조용한 방으
로 들어갔다.

"급히 부탁할 것이 있어 찾아왔습니다."

안중근의 말에 이석산은 의심쩍은 눈빛으로 쳐다봤다.

"초면에 이런 말 하기 면목 없지만, 백 원만 꾸어주십시오."

이석산의 눈이 휘둥그레졌다. 그러더니 잠시 뒤, 냉정한 눈빛으로 되돌아왔다.

"내게 돈이 있다는 것을 어떻게 알았는지 모르겠지만, 그럴 수 없소. 다 쓸 데가 있는 돈이오."

안중근은 물러서지 않았다.

"제가 지금은 말하기 곤란하지만, 분명 이 선생도 납득하고 좋아할 일입니다. 제발 부탁합니다. 돈을 꾸어주십시오."

안중근이 몇 번을 더 요청했으나 이석산은 굽히지 않았다. 잠시 침묵하던 안중근은 이석산의 이마에 총구를 갖다댔다.

"이게 무슨 짓인가!"

"말했지만 지금은 구체적으로 말할 수 없소. 하지만 이는 나라의 독립을 위한 일이오. 선생이 어디에 이 돈을 쓰려는지 잘 알고 있지만, 내가 계획하는 일도 그에 못지않게 중요한 일이오. 하지만 선생이 그 돈을 빌려주지 않으면 모든 일은 무산되오. 자, 어떻게 하실 작정이오?"

이석산은 눈을 감았다. 그도 수많은 전쟁터를 다닌 사람이었다. 총을 들이댔다고 겁을 먹을 그가 아니었다. 그러나 지금 돈을 꾸어 달라고 말하는 안중근의 눈빛은 바로 앞의 이석산 자신이 아닌 더 먼 곳 어딘가를 향해 있었다.

“알겠네. 빌려주겠네.”

마침내 이석산은 안중근에게 돈 백 원을 꾸어주었다. 돈을 받은 안중근은 아까 총을 들이댈 때와는 다르게 미안한 기색이 역력했다.

“총까지 들이대서 죄송하오.”

“뜻한 바가 무엇인지 모르지만, 성공하길 바라네. 그 돈에는 그럴 만한 가치가 있네.”

“알겠습니다.”

안중근은 밖으로 나왔다. 이제 하얼빈으로 갈 돈이 생겼다는 생각에 마음이 든든해지는 것을 느꼈다. 자금이 생기니 일이 반이나 이루어진 것 같았다.

거사의 날은 다가오고

1909년 10월 22일 밤 9시, 드디어 안중근은 하얼빈 역에 도착했다. 블라디보스토크에서 출발할 때는 안중근과 우덕순 두 사람이었으나, 하얼빈 역에 도착했을 때는 세 사람으로 늘었다. 나머지 한 사람은 바로 유동하였다.

유동하는 안중근이 평소 알고 지내던 어떤 한의사의 아들이었다. 안중근과 우덕순 두 사람 모두 러시아말을 하지 못했기 때문에 통역을 담당할 사람이 필요했고, 따라서 하얼빈에 도착하기 전 스이펜호 지방에 들렀다.

한의사를 만난 안중근은 통역이 필요한 이유를 둘러댔다.

"지금 제가 가족들을 맞아 하얼빈으로 가려는데, 러시아 말을 모릅니다. 통역을 해주고 그곳에서 묵을 곳을 주선해줄 적당한 사람이 없겠습니까?”

그는 의심하지 않고 대답했다.

“그럼, 제 아들 동하를 데리고 다녀오시지요. 마침 하얼빈으로 약을 사러 보내려던 참입니다.”

그러고는 아들에게 당부했다.

“별로 어려운 일은 아닌 듯하구나. 그래도 매사에 조심하고 일이 끝나면 약재를 구해 곧바로 돌아오너라.”

하얼빈 역에 도착한 세 사람은 김성백의 집으로 향했다. 김성백은 유동하의 사돈뻘되는 사람으로, 그의 집에서는 늘 하얼빈을 지나는 한인들이 신세를 진다고 했다. 김성백의 집에 짐을 푼 안중근과 우덕순은 우선 신문을 보고 이토 히로부미가 도착하는 날짜를 자세히 살펴보았다. 이곳에서 발행되는 신문은 『원동보』였는데, 정보가 정확하지 않았기에 여러 정보를 대조해서 확인해야 했다.

하얼빈에 도착한 이튿날, 안중근은 우선 단정히 이발을 했다. 허름한 행색으로 굳이 다른 사람들의 시선을 끌 필요가 없었다. 조용히 의논할 장소를 찾았다. 걷는 중에 우연히 사진관을 발견한 안중근은 우덕순, 유동하에게 말했다.

“우리 사진이나 한장 남겨둡시다. 이렇게 우리가 만난 것도 인연 아니겠소? 게다가 언제 또 이렇게 사진으로나마 남길 수 있겠소?”

우덕순이 굳은 표정으로 안중근을 쳐다봤다. 거사를 앞두고 잔뜩 긴장하던 중인데, 사진이라니. 그런데 그 순간 제일 어린 유동하가 피식 웃어버렸다. 그러자 우덕순도 이내 어쩔 수 없는 사람이라는 듯 고개를 흔들며 안중근을 따라갔다.

세 사람은 사진관으로 들어가 나란히 서서 사진을 찍었다.

안중근은 곧 이강의 소개로 『대동공보』의 하얼빈 주재 기자인 김형재라는 사람을 찾아갔다. 유동하의 나이가 어린 데다, 집안 사정으로 곧 집으로 돌아가야 했기 때문에 새로이 통역할 사람을 구해야 했기 때문이다. 김형재는 다시 조도선이라는 사람을 안중근에게 소개했다.

조도선은 함경남도 사람으로 열일곱 살이 되던 해에 러시아로 건너와 세탁업과 통역을 했다. 조도선을 처음 본 안중근은 한눈에 그가 마음에 들었다. 우선 성품이 강직했고, 눈빛이 매서웠다. 어려서 타국으로 건너와 삶을 개척하며 살아온 자의 연륜이 느껴졌다. 첫인상부터 믿음이 갔다.

우덕순, 유동하, 조도선과 함께 김성백의 집으로 돌아온 안중근은 짐을 풀고 계획을 점검하기 시작했다. 그런데 무엇보다 걱정스러운 것이 바로 자금이었다. 우선 이토 히로부미의 도착 날짜가 정확하지 않았고, 상황에 따라 언제든지 이동할 수 있는 자금은 충분히 확보해야 했다. 하지만 이석산에게 꾸어온 백 원은 이미 거의 바닥이 난 상태였다. 하지만 이곳에서 돈을 빌려줄 사람도 마땅치 않았고, 설사 있더라도 아무에게나 빌릴 수는 없었다. 이곳에서 큰돈을 빌렸다는 소문이 났다가는 사람들의 의심을 받을 수 있기 때문이었다. 안중근은 고심 끝에 유동하를 불렀다. 그러고는 김성백에게 오십 원을 빌려올 것을 부탁했다.

"머지않아 바로 갚아주겠네."

그러나 유동하는 머뭇거렸다. 안중근과 만나 알게 된 것도 얼마되지 않은데다, 큰돈을 돌려받을 수 있을지 의심스러워하는 눈치였다. 또한 어린 나이에 사돈뻘되는 사람에게 돈을 빌리는 게 어려운지도 몰랐다. 안중근은 이런 유동하의 마음을 읽고 이렇게 말했다.

"걱정하지 말게. 정 걱정이 된다면 블라디보스토크의 『대동공보』에 편지를 써서 오십 원을 빌린 사실을 전하고 대신 갚아줄 것을 부탁하겠네. 그곳의 사장과 내 친구가 확실히 갚아줄 걸세."

이에 유동하는 돈을 빌리러 나갔으나, 김성백이 밖에 나가고 없어 돈을 빌리지 못했다. 안중근은 김성백이 돌아오면 부탁하여 돈을 빌릴 것을 유동하에게 다시 부탁했고, 유동하는 고개를 끄덕였다.

모두 잠들고, 안중근은 방 안에 앉았다. 모두 모여 거사를 논의할 때는 그런 마음이 들지 않았는데, 홀로 방 안에 앉아 깊은 어둠을 마주하자니 많은 생각이 스치고 지나갔다. 지금까지의 일들, 그리고 일제의 만행으로 쓰러져간 동포들. 이제 그 원흉인 이토 히로부미를 처단할 일만 남았다는 생각이 들자, 무수히 많은 감정들이 안중근을 감싸고 회오리쳤다. 그리고 그 많은 감정의 회오리 속에서 하나의 굳은 심정이 솟아오르는 것을 느꼈다. 슬프고 분한 마음이었다. 안중근은 그 마음을 이길 수 없어 노래를 지어 스스로를 달랬다.

장부가 세상에 처함이여 그 뜻이 크도다

때가 영웅을 지음이여 영웅이 때를 지으리로다

천하를 응시함이여 어느 날에 업을 이룰고

동풍이 점점 차가운데 장사의 의기가 뜨겁도다

분개히 한번 감이여 반드시 목적을 이루리로다

쥐도적 이등(이토 히로부미)이여 어찌 즐겨 목숨을 비길고

어찌 이에 이를 줄을 헤아렸으리오 사세가 고연하도다

동포 동포여 속히 대업을 이룰지어다

만세 만세여 대한독립이로다

만세 만만세여 대한 동포로다

　노래를 읊어 마음을 다스린 안중근은 책상 앞에 앉아 유동하에

게 약속한 편지를 썼다. 물론 유동하를 안심시키려는 이유도 있었지만, 안중근 일행을 궁금해할 이강에게 현재의 상황을 전할 목적이기도 했다.

10월 22일 오후 이곳에 도착하여 『원동보』를 보니, 이씨는 12일에 관성자를 출발하여 러시아 철도국의 특별열차로 하얼빈에 도착한다고 하오. 우리들은 조도선씨와 가족을 맞이하러 가는 것으로 해서 관성자 역으로 갈 예정이오. 그리고 관성자 역에 도착하기 전 머무는 어느 역에서 이씨를 기다렸다 큰일을 행할 작정이오. 일의 성패여부는 하늘에 달려 있기에, 동포의 선도(善禱)를 기다려 도움을 받을 것을 바라오. 이곳 김성백 씨에게 돈 오십 원을 빌려 여비에 사용했으니 갚아줄 것을 부탁하오. 대한독립만세!

안중근이 막 편지를 마쳤을 때, 유동하가 돌아왔다. 그런데 그의 표정이 그리 밝지 않았다. 김성백이 돌아오지 않아 돈을 꾸지 못했다는 거였다.

"알았네. 어서 들어가 쉬게."

비록 돈을 꾸지 못했지만 어쩔 수 없는 일이었다. 유동하를 내보내고 자리에 누웠지만, 쉽게 잠들 수 없었다.

다음 날 새벽, 안중근은 우덕순, 조도선, 유동하와 함께 정거장으로 갔다. 그리고 조도선으로 하여금 역의 관리에게 남청열차가 서로 바뀌는 정거장이 어디인지를 알아오도록 했다. 이토가 탄 열차가 지나는 지점에서 기다렸다 처단할 생각이었다. 역무실에 다녀온 조도선이 자세히 일러주었다.

"관성자와 하얼빈 사이에 지야이지스고라는 역이 있는데, 그곳에서 동청철도와 남청철도가 교차하는 곳이라 이토가 탄 특별열차가 설 거라고 합니다."

안중근은 잠시 고민했다. 그러고는 우선 지야이지스고 역에 가서 기다리기로 결정했다. 유동하에게는 바로 집으로 돌아가지 말고 잠시 하얼빈에 남아주길 부탁했다.

"한쪽에서 정보를 모으기보다는 양쪽에서 모아야 정확하지 않겠는가? 우리는 지야이지스고에 가서 상황을 볼 터이니, 이곳에 남아 있다가 급한 일이 있으면 전보를 쳐주게."

열차를 타고 지야이지스고 역에 도착한 안중근 일행은 우선 역무원을 찾아가 열차운행정보를 알아봤다.

"이곳에 기차가 매일 몇 차례나 왕래하는가?"

"매일 세 번씩 왕래하는데 오늘 밤에는 특별열차가 하얼빈에서 장춘으로 가, 일본 대신 이토 히로부미를 영접해온다고 합니다. 특별열차는 모레 아침 여섯시에 이곳에 이를 겁니다."

이 말을 들은 안중근은 기뻤다. 지금까지 들었던 그 어떤 정보보다 정확했기 때문이다. 이 정보를 토대로 계획을 점검했다. 그런데 불현듯 한 가지 걱정되는 일이 떠올랐다.

'이곳에 아침 여섯시에 도착한다면, 그때는 새벽이 아닌가. 과연 이토 히로부미가 그 새벽에 열차에서 내릴까? 혹 내린다고 해도 그 어둠 속에서 이토 히로부미를 알아볼 수 있을까?'

안중근의 걱정은 실로 타당한 것이었다. 10월 말이어서 그런 새벽 시간이면 여전히 어둠이 깔려 있을 게 당연했다. 또한 무엇보다 중요한 것은 안중근은 이토 히로부미의 얼굴을 모른다는 사실이었다. 생각이 여기에 이르자 차라리 이토를 영접해온다던 장춘으로 떠나는 게 낫겠다는 생각이 들었다. 하지만 거기까지 갈 만한 차비가 없었다.

기차역을 서성이며 고민하던 안중근은 혹시 몰라 유동하에게 전보를 쳤다.

우리는 이곳에 도착했음. 그곳에 급한 일이 있으면 연락 바람.

그 사이 안중근은 끊임없이 고민했다. 만약 안중근과 그의 일행들 모두가 이곳에서 기다리는데, 기차가 멈추지 않고 지나간다면, 혹은 기차가 멈추기는 했지만 이토가 내리지 않는다면, 그리고 이토를 보았지만 너무 어두워 제대로 알아보지 못한다면, 이 계획은 실패할 게 뻔했다. 더 확실한 방법을 짜내고, 또 그 방법을 실행하기 위해 결단해야 했다. 그러나 아직은 머뭇거리기만 했다.

유동하에게서 답신이 온 것은 한나절이 다 지난 다음이었다. 그런데 도대체 내용을 정확히 파악할 수 없었다.

그는 내일 아침에 온다.

도대체 이게 무슨 말인가! 안중근은 유동하의 전보 내용을 이리저리 파헤쳐보았다.

'내일 온다는 것은 무슨 말인가? 분명 역무원은 내일모레 이곳에 들른다고 하지 않았는가?'

그러나 이미 어두워진 때 전보를 다시 쳐 확인할 수도 없었다. 안중근은 침착해지려 애썼다. 이런 상황에서는 더욱 신중히 고민하고 계획해야 했다.

밤새 뒤척이며 고민에 고민을 거듭한 안중근은 이튿날이 되자 열차부터 확인했다. 다행히 유동하의 전보는 틀린 모양인지 이토가 탄 특별열차는 이곳을 지나가지 않았다고 했다. 안중근은 안도의 한숨을 내쉬었다. 그러나 안심할 수 없었다. 또다시 어떤 상황이 발생할지 아무도 모르는 일이었다.

안중근은 우덕순과 조도선을 조용한 곳으로 데리고 가 자신의 수정된 계획을 설명했다.

"우리가 이곳에 모두 함께 있는 것은 좋은 방법이 아니오. 첫째, 돈이 부족하고 둘째, 동하의 답변이 불확실하고 셋째, 이토가 이곳을 지나가는 새벽에 일을 치르기가 어려울 것 같소."

안중근의 말에 우덕순과 조도선은 고개를 끄덕였다.

"그럼 어떻게 하면 되겠소?"

"만약 내일의 기회를 잃어버린다면, 다시는 일을 도모하기가 어려울 것이오. 그러니 두 사람이 여기 머물며 내일의 기회를 기다려 틈을 봐 행동하시오."

"안 동지는 어쩌려고 그러시오?"

"나는 당장 하얼빈으로 돌아가겠소."

"하얼빈으로?"

"그렇소. 이토의 특별열차는 이곳을 지나 결국 하얼빈으로 오게 될 것이오. 그러니 두 곳에서 치는 게 맞지 않겠소? 물론 하얼빈은 일본과 러시아 헌병들이 많을 테니 일이 쉽지 않소. 하지만 일이 진행되는 것을 보니 이렇게 두 편으로 나누어 행동하는 게 제일 현명한 생각인 듯하오."

안중근의 말에 두 사람은 고개를 끄덕였다.

"만일 그대들이 이곳에서 성공하지 못한다면, 내가 성공할 것이요, 만약 내가 성공하지 못하면 그대들이 성사시켜야 하오. 두 곳에서 모두 뜻대로 되지 않는다면, 다시 비용을 마련한 다음, 새로 거사를 계획하여 실행하는 게 가장 완전한 비책일 거요.”

우덕순과 조도선은 모두 안중근의 말에 수긍했다.

계획이 다시 섰으니, 이제 안중근이 떠날 차례였다. 세 사람은 손을 꼭 부여잡고 결의를 다졌다.

하얼빈으로 다시 돌아온 안중근은 유동하를 만나 전보의 내용을 물었으나, 분명히 답하지 않고 얼버무릴 뿐이었다. 안중근은 유동하를 꾸짖었다.

김성백의 집으로 돌아온 안중근은 늘 들고 다니던 나무 상자를 꺼냈다. 상자의 뚜껑을 열자 자동권총 한 자루가 고요한 잠을 자듯 놓여 있었다.

안중근은 총알이 장전되지 않은 권총을 꺼내 허공을 향해 겨눠 보았다. 어려서부터 줄기차게 쏘아온 총이었다. 아주 오래전 청계동에 살았을 때 사냥을 다녔던 일이며, 그로 인해 학업에 신경 쓰지 않는다고 부모님께 혼난 일이며, 동학군과의 전투에 의병투쟁까지. 지금 생각해보면 사격술을 배워 행한 일들이 모두 잘한 일이라고 할 수는 없었다. 때로는 후회가 남은 일도, 아쉬운 일도 많았다.

하지만 지금 이 순간만큼은 처음으로, 자신이 총과 함께했던 세월이 다행이라는 생각이 들었다. 국가를 침략하고 우리 동포들을

짓밟은 이토 히로부미를 대한제국 의병 참모중장으로서 처단할 수
있기 때문이었다.

세 발의 탄환, 그리고 꼬레아 우레!

1909년 10월 26일, 새벽.

하얼빈 역 광장은 여느 때와 달리 이른 시각부터 많은 사람들로 붐볐다. 이번 이토 히로부미의 방문 때문에 많은 인원이 동원되었고, 역 직원들은 평소와는 다르게 깔끔하게 정복을 차려입고 일찍부터 매표소에 앉아 표를 팔거나 사람들을 안내했다.

매표소에 앉은 어떤 직원이 광장을 둘러봤다. 평소보다 몇 배나 되는 사람들이 역사로 몰려들었지만, 표를 사서 어디론가 떠나려는 사람보다는 역에 도착할 누군가를 보러 온 사람들이 대부분이었기에 그리 바쁘지는 않았다. 평소보다 더 따분한 것도 같았다. 오히려 바쁜 것은 군악대와 의장대였다. 그들은 훨씬 일찍부터 미리 자리를 잡고는 악기를 들고 환영곡을 맞췄다. 그들뿐만이 아니었다. 높은 사람들이 참석하는 모양인지 군인들과 관원들이 아주 바쁘게 구내를 뛰어다니며 행사를 준비했다. 그러나 이들의 표정도 매표소에 앉아 있는 자신보다 기뻐 보이지는 않았다. 단지 조금 더 갑갑하고, 무료하고, 지쳐 보일 뿐이었다.

한편 러시아인들과 다르게 일본인들은 아주 들떠 보였다. 그 어느 때보다 많은 일본인들이 역에 몰려들었다. 경찰, 군인, 기자는 물론이고 하얼빈에 체류 중이던 일본인들이 전부 이곳에 몰려와 있는 듯했다. 러시아인처럼 양복차림을 한 사내도 있고, 일본 전통의상을 차려입고 이곳을 찾은 이도 있었다. 그들은 모두 일장기를 들고 열차가 도착하기만을 기다렸다. 어떤 사람들은 옷으로 신분을 판가름하기가 어려운 경우도 있었다. 사실 러시아인들이 보기에 일본인이나 한국인이나 중국인이나 다 그 모습이 그 모습이었다.

매표소에 앉아 있던 직원은 한참 동안 밖에서 사람들을 통제하던 동료가 잠시 자리를 바꿔달라고 부탁하기 전까지 따분한 표정으로 광장을 바라보았다. 몇 시간이면 이 행사도 끝날 거고, 그러면 평소처럼 돌아갈 게 분명했다. 단지 많은 사람들이 몰려들어 조금 피곤했을 뿐, 별다른 일은 일어날 것 같지 않았다.

이러한 분위기는 역 앞 찻집도 마찬가지였다. 열차를 기다리는 사람들이 일찍부터 가게로 몰려들어 잠시 신이 났던 찻집 주인은 이내 피곤해졌다. 차 한 잔을 시켜놓고 자리를 차지한 사람들 때문에 예상만큼 많은 이익을 보지 못할 게 분명했다. 콧수염을 기른 어떤 사내도 벌써 몇 시간째 차만 들이켰다. 그는 가끔 찻잔을 들어 입으로 가져갈 뿐, 어떤 말도 하지 않고 눈에 띌 어떤 행동도 하지 않았다. 다만 무엇인가를 깊이 생각하는 표정이었다. 주인은 그를 유심히 쳐다보았다. 일본인? 중국인? 아니면 한국인인가? 도무지 동양인은 알아볼 수가 없었다.

그때 그 사내가 불쑥 일어났다. 주인도 고개를 들어 사내가 바라보는 곳을 쳐다봤다. 불과 몇 분 전보다도 훨씬 많은 사람들이 역 안으로 들어갔다. 도착하려는 모양이군. 중얼거리며 아까 그 콧수염 난 사내를 찾았다. 그러나 이미 환영인파에 휩쓸렸는지 찾을 수 없었다. 주인은 고개를 갸웃거리며 사내가 차를 마시던 테이블을 치우기 시작했다.

찻집에서 나온 안중근은 사람들 틈으로 재빠르게 끼어들었다. 과연 많은 사람들이 모여 있고, 군대와 경비의 수도 많았다. 하지만 일일이 검문을 하거나 통행을 제한하지는 않는 듯했다. 조금은 이상하게 생각했지만, 어쨌든 잘된 일이 분명했다. 러시아 군인들도 당당하게 환영행렬에 합류한 안중근을 일본인으로 여긴 모양인지, 딱히 제지하거나 검문하지 않았다.

안중근은 사람들을 헤치고 앞으로 나섰다. 사실 찻집에 앉아 있는 동안 안중근은 어떤 시점에 어떤 위치에서 저격하는 것이 좋을지 고민했다. 그러나 결정하기 쉬운 문제가 아니었다. 일단 들어가서 결정하기로 한 안중근은 사람들 사이에 합류했다.

그리고 드디어 기차가 도착했다.

기차가 멈추기만 했는데도 일본인들이 함성을 질렀다. 군악대는 이토의 모습이 보이는 즉시 연주할 기세로 준비 자세를 취했다. 러시아 관리로 보이는 이가 이토를 맞이하기 위해 기차로 다가갔고, 여러 명의 일본인 관리들이 기차에서 내렸다.

"와아!"

자국 고관들의 모습이 보이자 일본인들은 또다시 함성을 질렀다. 옆으로 선 군인들은 일제히 경례했고, 군악대는 큰 소리로 연주를 시작했다. 이토 히로부미를 포함한 일본인 고관들은 러시아 관리의 안내를 받으며, 러시아 사절들과 인사를 나누며 앞으로 걸어왔다. 그 모습을 본 순간, 안중근의 마음속에 분노가 치밀었다.

'어째서 세상일이 이같이 공평하지 못한가. 슬프다. 이웃나라를 강제로 빼앗고 사람의 목숨을 참혹하게 해치는 자는 이같이 날뛰고 조금도 꺼림이 없는데, 죄 없이 어질고 약한 종족은 왜 이처럼 곤경에 빠져야 하는가.'

안중근은 주머니에 넣은 두 손을 불끈 움켜쥐었다.

'내 조국의 원수인 너를 바로 이 자리에서 처단하겠다.'

더 이상 생각할 필요가 없었다.

안중근은 앞으로 뚜벅뚜벅 걸었다. 사람들 틈을 비집고 들어가며 이토 히로부미를 향해 다가갔다. 누구도 제지하는 사람이 없었다. 악기소리가 더 크게 울려퍼지고, 사람들은 함성을 질렀다. 군대가 대열을 맞춰 서 있는 곳에 이르러 앞쪽을 살펴보니 러시아 관리들이 일본인 고관들을 호위하며 이쪽으로 걸어나오는 중이었다. 그리고 그 일본인 고관들 중 제일 앞에, 누런 얼굴에 흰 수염을 가진 조그만 늙은이가 여유롭게 걸어왔다.

저게 바로 늙은 도둑놈이구나.

안중근은 총을 뽑아들었다. 그리고 군인들 사이로 성큼성큼 걸어가 이토를 겨눴다.

안중근이 손에 든 총을 우연히 본 사람들도 그것이 '총'이라는 것을 바로 인식하지 못했다. 혹 그것이 총이라는 것을 알았다 하더라도 그 안의 총알이 이토의 몸에 박힐 것이라는 사실은 짐작하지 못했을 것이다. 아니, 알았다 하더라도 소리조차 지르지 못했을 것이다.

그리고,

탕! 탕! 탕!

세 발의 총성이 울려퍼졌다.

그런데 그 짧은 순간 안중근의 머릿속에 불현듯 또다른 생각이 스쳐지나갔다.

'만약 내가 맞춘 이가 이토 히로부미가 아니면 어쩌지?'

만약 안중근이 다른 사람을 쏜 것이라면, 거사는 실패로 끝나는 거였다. 그 짧은 순간에도 거사를 성공시켜야 한다는 의지로 다시 총을 들었다. 그러고는 아까 총을 쏜 늙은이 옆에 서 있는 이들 중 가장 앞서가던, 그리고 가장 위엄 있고 의젓해 보이는 세 명을 향해 다시 총을 쐈다.

그 다음의 광경은 순식간에 지나갔다.

제일 처음 안중근의 총에 맞은 늙은이가 순간 비틀거리며 쓰러지자 일본인 수행원들이 그 늙은이를 둘러업고 기차로 데리고 들어갔다. 러시아 헌병들도 재빠르게, 그러나 도대체 무슨 일이 벌어진 건지 모르겠다는 표정으로 당황한 듯 기차를 호위하기 시작했다.

안중근의 주위에 있던 일본인들과 러시아인들은 군인이고 일반인이고 기자고 할 것 없이 모두 멍하니 쳐다보기만 했다. 그 모습을 지켜본 안중근은 거사가 성공했음을 직감했다.

안중근은 하늘을 향해 큰소리로 외쳤다.

"코레아 우레(대한 만세)! 코레아 우레! 코레아 우레!"

가까스로 정신을 차린 러시아 헌병들이 안중근을 향해 달려들었고, 안중근은 곧 체포되었다.

1909년 10월 26일 오전 아홉시 반쯤의 일이었다.

4장

안중근, 순간에서 영원으로

見利思義 見危授命
견리사의 견위수명

…

이익을 보거든 정의를 생각하고
위태로움을 보거든 목숨을 바쳐라

이토 히로부미의 15가지 죄목

러시아의 죄수 호송용 마차가 멈춘 것은 밤이 늦은 시각이었다. 마차가 멈추자 안중근은 감았던 두 눈을 떴다. 그리고 호송하는 장교를 따라 마차에서 내렸다. 마차 밖에는 일본 영사관 경찰과 관리 몇몇이 대기하고 있었다. 러시아 장교는 안중근을 그들에게 넘겨주자마자 마차를 타고 왔던 길로 급히 돌아갔다.

이토 히로부미를 저격하고 현장에서 붙잡힌 안중근은 러시아 헌병 파견대에 수감되었다. 몸수색을 끝내고 제일 처음 안중근을 신문한 사람은 러시아 검찰관이었다. 그는 한국인 통역을 데리고 와 이름, 국적, 어떤 목적으로 이토 히로부미를 저격했는지 물었다. 안중근은 그에 대해 설명했지만 통역하는 이의 한국말을 제대로 알아들을 수 없었다.

그때 하얼빈은 영하 10도에 이르는 엄청 추운 날씨였다. 사진을 찍으려는 사람들이 몇몇 있었는데 그들조차 손에 입김을 불어 녹이는 판이었다. 하지만 안중근은 이런 것들에 아랑곳하지 않았다. 사진을 찍힐 때도 안중근은 담담한 표정으로 러시아 검찰관의 질문에 대답했다. 머뭇거리는 모습은 전혀 보이지 않았다.

그날 밤, 러시아가 안중근을 일본 영사관에 급히 넘길 수밖에 없었던 데는 이유가 있었다. 우선 러시아 관할지역에서 일본 최고위 인사가 피살되었기 때문에 러시아와 일본 사이의 외교적 마찰을 우려해서였다. 사실 여기에는 일본의 잘못도 있었다. 하얼빈 주재 일본 총영사가 전날 러시아 철도 경비대장에게 일본인의 검문을 자제해달라고 요청했던 것이다. 러시아인들은 일본인과 한국인을 육안으로나 신분확인을 통해서나 구분하기 어려웠고, 따라서 안중 근도 쉽게 다른 일본인들 사이에 몸을 숨겨 역 안으로 들어갈 수 있었다.

하지만 러시아는 이러한 점들을 내세울 처지가 아니었다. 전쟁에서 패배한 러시아는 여전히 일본 앞에서 힘을 쓰지 못했다. 이 사건이 일본과의 정치적 마찰을 불러올 것을 원치 않았다. 따라서 일본의 요구에 두말없이 따른 것이다.

일본 영사관에 도착한 안중근은 일본 관리로부터 두 차례에 걸쳐 조사를 받았다. 그리고 사오 일 뒤, 이번에는 관동도독부 지방법원 검찰관인 미조부치 다카오가 직접 찾아왔다.

영사관 경찰을 따라 취조실로 가자 미조부치 검찰관이 먼저 도착해 기다리고 있었다. 안중근은 지하감옥에 수감된 지 며칠이 지났는데도 불편하거나 비굴한 기색 없이 꼿꼿한 자세로 앉아 미조부치 검찰관을 쳐다봤다.

"나는 관동도독부 지방법원의 미조부치라 하오. 그리고 이쪽은 심문과정을 기록할 서기관들이오."

안중근에게 자신을 소개하는 미조부치의 한 손에는 하얼빈 영사관에서 넘겨받은 문서가 들려 있었다. 미조부치는 이토 히로부미 저격과 관련된 세세한 것들을 물었다. 안중근은 그때마다 당당하게 전후과정을 이야기했다. 미조부치와 서기관들은 안중근의 대답을 성실하게 기록하거나 혹 미심쩍은 사항들을 다시 묻곤 했는데, 예의는 차리되 거리를 두고 객관적으로 대하려는 모습이 역력했다.

몇 가지 질문을 하던 미조부치는 들고 있던 서류를 책상에 내려놓으며 안중근을 쳐다보았다. 그러더니 지금까지의 신문과정 중 가장 궁금하다는 표정으로 안중근을 쳐다보았다.

"도대체 이토는 왜 죽인 것이오?"

안중근은 미조부치의 눈을 똑바로 쳐다봤다. 그리고 이토 히로부미의 죄목을 다음과 같이 밝혔다.

1. 한국 명성황후를 시해한 죄요.

2. 한국 황제를 폐위시킨 죄요.

3. 5조약과 7조약을 강제로 체결한 죄요.

4. 무고한 한국인들을 학살한 죄요.

5. 정권을 강제로 빼앗은 죄요.

6. 철도, 광산, 산림, 천택을 마음대로 빼앗은 죄요.

7. 제일은행권 지폐를 발행해 마음대로 사용한 죄요.

8. 군대를 해산시킨 죄요.

9. 교육을 방해하고 신문 읽는 걸 금지시킨 죄요.

10. 한국인들의 외국유학을 금지시킨 죄요.

11. 교과서를 압수하여 불태워버린 죄요.

12. 한국인이 일본인의 보호를 받고자 한다고 세계에 거짓말을 퍼뜨린 죄요.

13. 현재 한국과 일본 사이에 분쟁이 쉬지 않고, 살육이 끊이지 않는데 한국이 태평무사한 것처럼 위로 천황을 속인 죄요.

14. 동양평화를 깨뜨린 죄요.

15. 일본 현 천황의 아버지 고메이 선제를 죽인 죄요.

안중근이 이토 히로부미의 죄목을 거침없이 말하는 동안, 취조실의 분위기는 급변했다. 안중근의 진술을 기록하던 서기관은 물론, 미조부치 검찰관도 잠시 아무 말도 하지 못했다. 한참 침묵이 이어지고 나서야 미조부치 검찰관이 안중근에게 다가와 말했다.

"지금 진술한 것을 들으니 당신은 정말 동양의 의사(義士)요. 이런 의사는 절대 사형을 받지 않을 테니 걱정하지 마시오."

미조부치의 표정과 안중근을 대하는 태도는 순식간에 달라졌다. 이에 안중근은 표정 하나 변하지 않고 미조부치에게 말했다.

"내가 죽고 사는 것에 대해서는 말할 필요가 없소. 단지 이 뜻을 일본 왕에게 속히 알려 이토의 못된 정략을 시급히 고치고, 동양의 위급한 대세를 바로잡는 것이 내가 간절히 바라는 바요."

이날의 신문은 여기에서 끝났고, 안중근은 다시 지하감옥에 갇혔다.

미조부치에게 이토 히로부미의 죄목 15가지를 밝힌 날로부터 사오 일 뒤인 1909년 11월 3일, 안중근은 여순 형무소로 이송되었다. 여순은 일본이 청일전쟁으로 점령한 지역이었다.

사실 일본은 안중근의 재판을 어디에서 할 것인가 하는 점에 대해 심각하게 고민했다. 만약 일본에서 재판을 하게 되는 경우, 안중근에게 세계적 관심이 집중되어 국제적 여론 등을 감안해야 하기 때문에 일제의 의도대로 판결을 내지 못할 가능성이 컸다. 또한 일본에서의 재판은 재판관들의 합의제로 운영되지만, 여순의 관동 도독부에서는 재판관 한 사람에 의해 이루어졌다. 이를 고려할 때 안중근의 재판과정을 일제의 의도대로 끌고 가려면 재판관할권을 여순으로 정하는 게 제일 나았다.

여순으로 옮기는 날 유치장 밖으로 나가보니 우덕순, 조도선, 유동하 등 몇 사람이 결박된 채 서 있었다. 거사 이후 첫 대면이었다. 안중근은 이들 하나하나와 천천히 눈을 마주쳤다. 당당하게 더욱 힘을 내라는 격려였다. 그중 우덕순의 눈빛에는 서로 격려하는 눈빛 외에 다른 감정도 숨어 있었다.

이토를 처단하기로 계획한 그날, 우덕순과 조도선이 투숙한 여인숙의 문을 러시아 병사들이 밖에서 잠갔고, 두 사람은 아무것도 할 수 없었다. 우덕순은 안중근에게 놀랐다. 만약 안중근이 거사 장소를 두 곳으로 나누지 않았다면, 이토를 처단하는 것은 불가능했을 게 분명했다.

안중근을 포함한 연루자 여러 명은 일본 영사관을 출발해 장춘 헌병대를 거쳐 여순으로 향했다. 그리고 1909년 11월 3일, 안중근은 여순 형무소 독방에 수감되었다.

형식적인 재판

여순 형무소에 수감된 안중근은 그 이후로 여러 차례 신문을 받으며 생활했다. 이토 히로부미 저격 사건의 주모자임을 스스로 인정한 터라 당연히 독방생활을 했다. 그러나 여러 가지 면에서 생각만큼 험한 수감생활은 아니었다. 안중근은 감옥에 갇힌 뒤로 교도관은 물론 일반관리들과도 점점 가까워졌다.

무엇보다 미조부치 검찰관은 형식적으로는 죄인과 검찰관의 관계로 대했으나, 실제로는 그 이상의 관계로 지냈다. 신문이 끝나면 안중근에게 담배를 주고 국제 정세에 관해 함께 토론을 했다. 안중근의 처지에 대해 진심어린 말을 건네기도 했다.

그것은 검찰관만이 아니었다. 전옥 구리하라와 경수계장 나카

무라는 매주 한 번씩 목욕을 시켜주고, 날마다 오전 오후 두 차례 감방 밖으로 데리고 나와 담배와 서양과자, 차를 대접했다. 또 매 끼니에 질 좋은 쌀밥을 주고, 내복과 솜이불을 챙기는 것도 잊지 않았다. 한국어 통역관 소노키는 날마다 우유를 한 병씩 주기도 했다.

이러한 대접에 안중근 스스로도 적잖이 놀랄 수밖에 없었다. 더욱 놀란 것은 그 다음 일이었다.

하루는 영국 변호사 한 사람과 러시아 변호사 한 사람이 찾아왔다. 블라디보스토크에 있는 동포들의 위탁을 받아 안중근의 변호를 맡겠다고 했다.

"법원의 허가는 이미 받았으니 공판하는 날 다시 와서 봅시다."

이에 안중근은 크게 놀랐다. 영국과 러시아 변호사를 허용하리라고는 상상도 못 했기 때문이었다.

11월 어느 날, 친동생 정근과 공근이 안중근을 찾아왔다. 진남포에서 작별한 지 3년 만이었다.

"형님!"

안중근은 두 동생을 보며 지그시 미소지었다. 안중근은 두 동생에게 가족들의 안부를 묻고, 서로 헤어진 뒤 겪은 일들을 화제삼아 이야기를 나누었다.

두 동생은 사오 일 혹은 열흘에 한 번씩 안중근을 찾아왔다. 안중근은 두 동생에게 한국인 변호사로 선임해달라고 부탁하고, 천주교 신부를 모셔와 고해성사를 받을 수 있도록 부탁했다.

그러나 이런 날들이 지속된 것은 아니었다.

어느 날 갑자기 미조부치 검찰관의 태도가 돌변했다. 평소처럼 예의를 갖춰 대하거나 공정한 토론을 나누는 게 아니라, 협박도 하고, 억지도 쓰고, 심한 경우에는 모멸하기도 했다.

안중근은 검찰관의 태도가 변한 데는 이유가 있을 거라고 생각했다.

'이건 검찰관 자신의 본심이 아닐 것이다. 어디서 다른 입김이 불었구나. 그야말로 도심(道心)은 희미하고 인심은 위태롭다더니 정말 그렇구나.'

미조부치의 행동변화로 말미암아, 얼마 남지 않은 재판도 그리 좋은 쪽으로 진행되지 않을 거라는 생각을 했다. 그리고 그것은 곧 사실로 나타났다.

"재판일이 육칠 일 뒤로 정해졌다. 그런데 영국 변호사나 러시아 변호사는 일제 허가되지 않고, 이곳에 있는 관선 변호사를 쓰게 되었다."

검찰관의 말에 안중근은 대꾸하지 않았다. 재판결과는 보지 않아도 뻔했다.

그리고 첫 공판이 열렸다.

이날 수백 명의 방청객이 몰려들었는데, 대부분 일본인이었다. 이들은 이토 히로부미를 쏜 한국의 애국지사를 직접 눈으로 보기 위해 몰려들었다. 또한 그중에는 한국인 변호사 안병찬과 오래전 안중근의 변호를 맡기로 했던 영국인 변호사도 있었다. 이들은 변호권을 주지 않아 그냥 방청석에서 재판을 지켜볼 수밖에 없었다.

이날 피고는 안중근과 우덕순, 조도선, 유동하 총 네 사람이었다. 사건에 연루되었다고 의심을 받았던 나머지 사람들은 이미 무사히 풀려났다.

재판이 시작되었다. 재판관은 피고에게 이름, 나이, 신분, 직업, 주소 등을 묻고, 검찰관이 작성한 문서에 의거해 경위를 신문했다. 재판관의 신문은 주로 안중근에게 집중되었다. 그러나 정작 안중근이 자세히 의견을 진술하려 하면 재판관은 회피하거나 말을 막았다. 의미없는 재판이었다.

몇 차례 공판이 지루하게 이어졌다.

재판관은 우덕순과 조도선, 유동하도 심문했다. 안중근과의 관계부터 시작해 거사에 동참하게 된 경위를 물었다. 세 사람은 자신들이 아는 대로 대답했다. 그러나 안중근은 이 모든 일은 자신이 계획하고 실행했다고 거듭 주장했다. 동료들을 살리기 위해서였다.

한번은 기회가 주어져 안중근은 자신이 이토 히로부미를 죽인 이유에 대해, 이토 히로부미의 죄악에 대해 거침없이 이야기했다.

"나는 지금까지 이토를 죽인 이유를 거듭 말했다. 단지 내가 사람 죽이는 일을 좋아하거나 개인적인 원한이 있어 죽인 것이 아니다. 바로 동양평화를 위해서다. 러일전쟁이 일어났을 때 일본 천황은 동양평화를 유지하고 한국의 독립을 공고히 하기 위해서라고 말했다. 그래서 일부 한국인은 일본이 개선했을 때 반기기도 했다. 그런데 결과는 어떤가? 이토는 한국에 와서 5개조 조약을 강제로 체결하고, 이어 7개조의 조약도 강제로 체결했다. 또한 한국의 외무와 법무 등을 일본에 인계시켰는데, 이런 것들이 어찌 한국의 독립을 공고히 하는 일인가? 이토의 이런 만행은 그 자체로도 용서받을 수 없는 일이고, 러일전쟁 때 일본 천황이 선언한 것에도 반하는 일이다. 결국 이토는 한국과 일본 모두에게 역적이나 다름없다."

안중근은 잠시 숨을 고르고 말을 이었다.

"지금 말한 이런 일은 세상에 발표되어 두루 알고 있는 사실이다. 그런데 내가 듣기로 이토는 일본 천황에게 있어서도 역적이라 들었나. 이제 그 사실을 이 자리에서 말하겠다."

안중근이 말을 이어가려는 순간, 재판관이 다급히 안중근의 말을 막았다.

"이 이상 재판을 공개하는 것은 사회의 안녕과 질서를 해칠 우려가 있으므로 비공개로 진행하겠다."

이런 상황은 재판과정에서 자주 반복되었다. 이에 안중근은 할 말이 없었다. 어떤 말을 해도 소용이 없었다.

"재판관 마음대로 하라. 나는 다시는 아무 말도 하지 않겠다."

이후에도 재판이 열렸지만, 모두 형식적인 것에 그쳤다.

그리고 드디어 최후진술의 시간이 찾아왔다. 먼저 관선 변호사인 카미다와 미즈노가 변론했다.

"살인을 저지른 피고를 처벌해야겠지만, 이는 오해에서 비롯된 것입니다. 또한 이 사건의 피고가 한국인임으로 일본 사법관의 관할권이 없습니다. 한국 형법을 적용해야 합니다. 하지만 아직 한국 형법은 체계화되지 않았으므로 처벌할 정당한 조항이 없습니다. 따라서 어떤 경우라고 해도 피고에 대해서는 가벼운 처분을 내려야 합니다."

두 변호인의 변론이 끝나고, 이제 안중근의 차례가 되었다. 재판정은 그 어느 때보다 고요했다. 그리고 사람들의 이목이 모두 안중근의 입으로 향했다.

"변호인들이 오해했다고 하는데, 그것은 사실이 아니다. 나는 지금까지 몇 번을 말한 것처럼 나 개인의 감정 때문에 이토를 죽인 것이 아니다. 내가 이토를 죽인 것은 이미 15가지 죄악을 저지른 이토가 동양의 평화를 어지럽히고, 한국과 일본 사이를 멀어지게 하기 때문에 한국의 의병중장 자격으로 죄인을 처단한 것이다. 이는 동양평화를 이루기 위함이다. 내가 이토 히로부미를 저격하고 도주하지 않은 것도 바로 이런 이유이다. 이 공판과정에서 이토의 죄를 전세계에 공개하고자 했기 때문이다. 하지만 지금 주위를 둘러보라. 나는 한국 의병참모중장의 자격으로 이토를 죽인 것인데, 어째서 재판관도 변호사도 방청객도 일본인인 일제의 공판정에서 일본 법률에 따라 심문을 받는가? 나는 전쟁 중에 붙잡힌 것이니 만국공법에 따라 판결하는 것이 옳다."

안중근의 최후진술이 끝났는데 재판정 안의 누구도 섣불리 말을 꺼내지 못했다. 사진을 찍는 소리만 가끔 들려올 뿐, 재판관도 검사도 변호사도 그리고 방청객들도 최후진술을 끝낸 뒤 꼿꼿한 자세로 앞만 쳐다보고 선 안중근을 바라보기만 할 뿐이었다.

침묵을 깬 것은 마나베 재판관이었다.

"이틀 뒤에 선고가 있을 것이오."

그러고는 서둘러 재판정을 빠져나갔다.

이 재판이 끝나고 언도가 내려지기를 기다리는 동안, 안중근의 공판결과에 대한 세계 언론과 사람들의 추측이 난무했다. 어떤 이들은 세계 여론을 감안하여 가벼운 형량이 내려질 것이라고도 했고, 어떤 이들은 일본의 비열한 행태를 예로 들며, 세계 사람들의 눈을 의식할 일본이 아니라며 비관적인 전망을 내놓기도 했다. 그러나 이렇게 비관적인 예상을 하는 사람들도 실제로 그렇게 될 거라고 생각하는 사람은 없었다.

그리고 마침내 판결이 내려졌다.

이날 재판정에는 수많은 사람들이 몰려들었다. 세계 각국의 변호사는 물론, 해외 언론도 안중근의 공판결과를 지켜보기 위해 찾아왔다. 방청석에는 안중근의 두 아우 정근과 공근도 앉아 있었다.

이윽고 재판정 안으로 재판관이 들어왔다. 일순간 장내가 조용해졌다. 그 침묵을 깨고 재판관이 판결주문을 선고했다.

"안중근을 사형에 처한다. 그리고 우덕순은 징역 3년, 조도선과 유동하는 각각 1년 6개월의 징역에 처한다."

장내는 물을 끼얹은 듯 조용해졌다. 이는 안중근이 최후진술을 끝낸 뒤 찾아온 침묵과는 다른 것이었다. 다들 자신이 들은 내용을 믿을 수 없다는 표정이었다. 잠시 시간이 흐르고 나서야 다들 안중근이 사형을 언도받았다는 사실을 실감했다. 몇몇 변호사들이 분개하여 부당함을 표현한 것 외에는 다들 꼼짝도 하지 못했다. 이 자리에 찾아온 기자들조차도 차마 재판결과를 기록하지 못한 채, 자신이 들은 내용이 사실이냐는 듯 서로를 쳐다볼 뿐이었다. 재판정 안은 의혹과 사실을 부정하고픈 마음과 참담함이 뒤섞여 무겁게 내려앉았다.

이런 가운데 유일하게 안중근만이 미소지었다.

그러고는 재판관을 향해 말했다.

"한국의 자유를 구하고 동양의 평화를 위해 몸을 바치는 것이니 한스러울 것은 없다. 다만 나는 이런 판결이 나올 것을 이미 알고 있었다. 그러니 다시 또 다른 재판으로 다툴 필요 없다."

사형이 언도된 바로 그 자리에서, 안중근은 공소권을 포기할 것을 분명히했다.

공소권을 포기하고 『동양평화론』 집필

안중근에게 사형이 선고된 것은 일본정부의 지침에 의한 것이었다. 1909년 12월 3일 고무라 외상은 구라치 정무국장에게, 일본정부는 안중근의 범행이 극히 중대한 만큼 극형에 처하는 게 타당하다는 입장이라는 내용의 전문을 보냈다. 즉, 그 누구라도 일본정부의 영향 아래 있는 사람이라면 객관적이고 합리적인 판단 하에 판결을 내릴 수 없는 상황이었던 것이다. 그리고 안중근은 이 사실을 누구보다 잘 알았다. 때문에 재판관이 판결을 내리며 고등법원에 공소할 수 있음을 밝혔음에도 공소권을 포기했다. 재판과정을 지켜본 결과, 공소를 한다 해도 크게 다른 결과가 나오지 않을 거라는 것을 알았기 때문이다.

공소권을 포기한 뒤 안중근은 동생들에게 어머니의 전언을 들었다.

사형선고가 내린 날, 안중근의 두 동생은 대책 마련을 위해 진남포로 돌아왔다. 돌아온 두 동생은 형에게 사형선고가 내려진 사실을 어머니에게 전했다. 안중근의 어머니는 잠시 침묵한 뒤 자신의 뜻을 전하라며 이렇게 말했다.

"중근아, 큰일을 했다. 만인을 죽인 원수를 갚고 의를 세웠으니 너는 잘못한 일이 하나도 없다. 큰일을 함에 있어 목숨을 아끼지 말거라. 일본인들이 너를 살려줄 까닭이 없으니 비겁하게 항소 같은 것은 하지 말거라. 살려달라고 구걸하는 것은 양반집 체면을 떨어뜨리는 일이다. 깨끗이 죽음을 택하는 것이 이 어미의 희망이다. 사형언도 소식을 듣고 교인들이 너를 위해 기도했다. 이제는 평화로운 천당에서 만나자."

이 말을 들은 안중근은 자신의 선택이 옳았음을 다시 한번 확인했다. 또한 아들이 사형을 당하는데도 그것이 옳은 일이기에 이렇게 말할 수밖에 없는 어머니의 심정을 헤아리느라 가슴이 아팠다.

안중근은 히라이시 고등법원장을 만난 자리에서 공소권을 포기하겠다는 의사를 다시 전하고, 대신 다른 요구를 했다.

"동양평화론 한 권을 저술하고 싶소. 그러니 사형집행 날짜를 한 달 정도 늦추어줄 수 있겠소?"

안중근에게 각별히 대했던 전옥 구리하라의 소개로 만난 히라이시 고등법원장은 안중근과 동양 대세의 관계와 평화정략에 대해 의견을 나누고 감동을 받은 뒤였다. 그는 안중근의 요구에 대답했다.

"어찌 한 달뿐이겠소. 설사 몇 달이 걸리더라도 특별히 허가하겠소."

고등법원장의 약속에 안중근은 『동양평화론』을 집필하기 시작했다. 또한 공판 두 달 전부터 쓰기 시작한 자서전 『안응칠 역사』도 동시에 집필했다.

『동양평화론』은 동아시아 미래의 모델이 되는 대단히 선구적인 제안으로 평가받는다. 안중근은 『동양평화론』 집필을 약속한 히라이시 고등법원장과의 대화에서 '동양평화론'의 구체적인 실천 방안을 제시하기도 했다. 그 방안에는 동양평화를 위해 한·일·청 3국 연합 화평회의를 개설하고, 은행을 설립해 3국 공통화폐를 발행하며, 한·일·청 세 나라가 화합할 것을 로마교황 앞에서 맹세하여 세계의 신용을 얻는다는 등의 내용이 포함되어 있다. 이러한 방안들은 오늘날 EU와 같은 공동체의 모습과 흡사하고, 벌써 이 시기에 이러한 모델을 제시하고 있다는 점에서 안중근의 인식과 혜안에 놀라지 않을 수 없다.

그러나 결국 『동양평화론』은 완성되지 못했다. 항소권을 포기하며 사형집행일을 연기해줄 것을 히라이시 고등법원장에게 약속받았지만, 일본이 이를 지키지 않았기 때문이다. 오히려 항소하지 않았기 때문에 사형일이 앞당겨졌다. 그리하여 애초에 『동양평화론』은 서문, 전감(前鑑), 현상, 복선(伏線), 문답 등 다섯 단계로 구성될 계획이었지만 이중 서문, 전감만 완성되었다.

이 시기에 법원과 감옥의 관리들이 안중근의 감방에 많은 비단과 종이 수백 장을 사 넣었다. 안중근이 직접 손으로 쓴 필적을 간직하고 싶다는 거였다. 비록 안중근이 재판에서 사형선고를 받았지만, 주변에서 지켜본 수많은 관리들은 이미 안중근의 인품과 용기에 감동한 뒤였다.

'내 필법이 뛰어나지 않으니 웃음거리가 될지도 모르지만, 이들의 마음을 뿌리칠 수가 없구나.'

이에 안중근은 하루에도 몇 시간씩 이들을 위해 글씨를 썼다. 안중근은 글씨를 쓴 뒤 낙관 대신 자신의 손바닥을 찍었는데, 단지동맹으로 잘린 손가락의 모양이 그대로 종이에 찍혔다.

어느 날, 홍 신부가 찾아왔다. 안중근은 홍 신부를 보자 반가운 마음이 가득했다. 아주 오래전 청계동에서 세례를 받고, 미사에 참여하며 함께했던 기억이 순간 스쳐지나갔다. 그랬던 그가 이곳에 멀리까지 자신을 만나러 왔다는 사실에 안중근은 감격스러웠다.

홍 신부는 안중근에게 고해성사를 하게 해주고, 다음날에는 감옥에서 미사도 거행했다. 이 미사에는 감옥에 있던 일반관리들까지도 참석했다. 그리고 떠나는 날, 홍 신부와 안중근은 손을 잡고 몇 시간이나 이야기를 나누었다. 홍 신부는 떠나는 순간까지도 안중근의 손을 놓지 못했다.

"인자하신 천주께서 너를 버리지 않을 것이요, 반드시 거두어 주실 것이니 안심하고 있으라."

그리고 사형집행 날짜는 서서히 다가왔다. 안중근은 덤덤하게 죽음을 준비했다. 우선 변호사 안병찬에게 동포에게 전해달라며 글을 전했다. 이 글은 바로 다음날 『대한매일신보』에 실렸다.

동포에게 고함

내가 한국 독립을 회복하고

동양 평화를 유지하기 위하여

3년 동안을 해외에서 풍찬노숙(모진 고생)하다가,

마침내 그 목적을 달성하지 못하고 이곳에서 죽는다.

우리들 2천만 형제자매는 각각 스스로 분발하여

학문에 힘쓰고, 실업을 진흥하며,

나의 끼친 뜻을 이어 자유 독립을 회복한다면

죽는 자로서 유한이 없을 것이다.

이 글이 실린 바로 그날, 그동안 보지 못했던 두 동생이 찾아왔다. 그날만은 서로 손을 잡는 것이 허용되었다. 형제들은 우선 기도를 드린 뒤, 서로 손을 마주 잡았다. 삼형제의 눈에서 뜨거운 눈물이 흘렀다. 동생들은 안중근에게 가족들의 소식과 한복을 전했다. 안중근은 동생들이 건넨 한복을 오래도록 쓰다듬었다.

이어 안중근은 어머니와 아내 아려 등에게 전하는 편지를 두 동생에게 전했다. 그리고 최후의 유언을 남겼다.

"내가 죽은 뒤에 나의 뼈를 하얼빈공원 곁에 묻어두었다가, 우리 국권이 회복되거든 고국으로 반장해다오. 나는 천국에 가서도 또한 마땅히 우리나라의 회복을 위해 힘쓸 것이다. 너희들은 돌아가서 동포들에게 각각 모두 나라의 책임을 지고 국민 된 의무를 다하여 마음을 같이하고, 힘을 합하여 공로를 세우고 업을 이루도록 일러다오. 대한독립의 소리가 천국에 들려오면, 나는 마땅히 춤추며 만세를 부를 것이다."

민족의 별이 되다

1910년 3월 26일.

이른 아침부터 내리기 시작한 비에 형무소를 감싼 공기는 더욱 고요하고 무겁게 가라앉았다. 아직 동이 트지 않은 터라, 형무소는 채 가시지 않은 어둠 속으로 깊이 떨어지는 빗소리만 가득했다.

안중근은 빗소리에 눈을 떴다. 아니, 어쩌면 비가 내리기 전부터 눈을 뜬 채였는지도 모르겠다. 봄이지만 아직 초인데다, 비까지 내려 제법 싸늘했다. 그러나 그것은 견딜 만했다. 눈을 감은 채로 있는 것도, 뜬 채로 있는 것도 쉽지 않았다. 눈을 감으면 심연의 어둠 속으로 빨려들었고, 눈을 뜨면 현실이 눈앞으로 달려들었다. 안중근은 무엇인가를 보는 대신, 귓속으로 파고드는 빗소리에 집중하려 했다. 마른 새벽의 고요보다는 감싸듯 형무소를 에워싼 빗소리가 낫다고 생각했다.

얼마 동안의 시간이 지나, 안중근은 자리에서 일어나 동생들이 가져온 한복을 꺼냈다. 아내가 손수 지은 옷이라고 했다. 안중근은 손으로 한복을 오래도록 쓰다듬었다. 그러자 마음이 아파왔다. 나라를 위해 한 목숨 바치는 것은 아깝지 않고, 오히려 그럴 수 있어 다행스러운 일이었으나 여전히 가족들에게는 미안한 마음이 컸다. 어머니, 동생들, 그리고 아내와 자식들…… 그러나 그들 또한 조국 독립에의 갈망으로 가득 차 있고, 그리하여 자신을 이해해주리라 안중근은 생각했다. 안중근은 자리에서 일어나 옷을 짓던 아내의 마음을 오래오래 느끼며, 한복으로 갈아입었다.

이윽고 간수들이 안중근을 데리러 왔다.

안중근을 데리러 온 이들 중에는 지바 도시치도 있었다. 지바 도시치는 일본헌병 육군 상등병으로, 10·26의거 이후부터 쭉 안중근의 호송을 담당했다. 그는 일본군인으로서 처음에는 이토 히로부미를 암살한 안중근을 미워하고 경멸했지만, 아침저녁 수시로 만나 접촉하는 과정에서 안중근에 대한 미움과 경멸이 경외심으로 바뀌었다.

언젠가 지바가 안중근에게 말했다.

"일본이 당신 나라의 독립을 위협한 것, 정말 미안합니다. 일본인의 한 사람으로서 사과드리고 싶은 심정이오."

그러자 안중근이 대답했다.

"지바 씨. 일본군인으로부터 그런 말을 듣게 되다니, 뜻밖이오. 어쩌면 역사의 흐름이란 한 사람의 힘으로는 어쩔 수 없는지도 모르오. 그러니 내가 한 일로 이 모든 상황이 바뀌지는 않을 것이오. 하지만 나는 믿소. 이런 내 행동이 우리 동포의 애국심과 독립심을 고취시킬 수 있을 거라고 말이오. 그리고 그것이 결국 우리 조국의 독립으로 이어질 것을 말이오."

지바는 깊이 감동하여 안중근의 손을 잡았다. 그러고는 언젠가 자신에게 글을 써주기를 부탁했다.

안중근은 자신을 데리러 온 굳은 얼굴의 지바를 잠시 바라봤다. 그리고 그에게 말했다.

"오래전 당신이 부탁했던 글을 지금 써주겠소. 준비해주겠소?"

지바는 서둘러 비단 한 폭과 붓, 벼루, 먹을 가져와 안중근에게 주었다. 안중근은 붓을 잡고 비단 위에 글을 써내려가기 시작했다.

국가를 위해 몸을 바치는 것은 군인의 본분이다.

안중근은 지바에게 글을 건네주고는 잠시 그의 얼굴을 지켜보다가 다른 간수들에게 말했다.

"이제 갑시다."

지바는 안중근이 써준 글을 한참 동안 바라보았다. 그러고는 의연하게 형장으로 걸어가는 안중근의 뒷모습을 향해 오래도록 고개 숙여 인사했다.

사형 집행은 철저히 비공개로 이루어졌다.

사형장에는 미조부치 검찰관과 전옥 구리하라, 그리고 몇 명의 간수만 기다리고 있었다.

"이제 사형을 집행할 것이다."

미조부치 검찰관이 안중근에게 말했다. 그는 안중근을 제대로 쳐다보지 못했다. 오래전 신문과정에서 이미 안중근에게 탄복했던 그였다. 일본인 검찰관으로서 안중근의 사형을 집행하기는 하지만, 그것이 세상이 존경할 만한 진정 의로운 한 사람을 죽이는 일이라는 것을 모를 리 없었다.

"마지막으로 남길 말은 없는가?"

검찰관이 묻자 안중근이 대답했다.

"따로 남길 말은 없다."

안중근은 아주 짧게 시간을 둔 뒤 말을 이었다.

"다만 이번 의거는 오직 동양의 평화와 평화를 도모하는 성의에서 나온 것이므로, 바라건대 지금 이 자리에 있는 일본관헌들도 나의 뜻을 이해하고 합심해서 동양의 평화를 이루기를 기원한다."

이렇게 말하며 만세삼창을 하겠다고 했지만, 받아들여지지 않았다.

"대신 기도를 하는 것은 허락하겠소."

백지와 흰 천으로 눈을 가린 안중근은 약 2분 동안 조용히 기도를 했다.

마침내 간수가 안중근을 데리고 교수대에 올랐다. 안중근은 태연하게 간수를 따라 교수대로 올라갔다. 한 걸음, 한 걸음. 걸을 때마다 그동안 알고 지낸 사람들의 얼굴이 스쳐지나갔다. 사람을 위하는 일이 곧 나라를 위하는 일이고, 나라를 위하는 일이 곧 사람을 위하는 일이라고 말씀하셨던 것은 할아버지였던가?

안중근은 교수대로 오르며 생각했다. 지금 나는 죽지만, 내 죽음이 지금 떠오르는 모든 사람들의 가슴에 남아 그들의 독립을 향한 마음의 불을 더 활활 타오르게 만들면 좋겠다고. 그리하여 조국 해방의 날이 찾아와 다시 이 사람들이 행복할 수 있는 날이 오면 좋겠다고. 그리고…… 그런 날을 위해 이 한 몸 바칠 수 있어, 다행이라고.

갑자기 빗줄기가 거세졌다. 그러나 형무소 안 교수대 위에 오른 안중근은 그것을 알지 못했다. 곧 목에 올가미가 씌워졌다. 어쩐지

시간이 느리게 흘러가는 듯했다. 눈이 가려진 채 고요한 어둠을 응시하던 안중근은 문득 어둠의 저 멀리에서 빛나는 점 같은 것을 본 듯했다. 그것은 점 같기도 했고, 일곱 개의 별 같기도 했다. 안중근은 그 빛나는 것을 더 가까이 보기 위해 앞으로 다가가려 했다. 그리고……

순간, 안중근의 몸이 허공에 걸렸고, 잠시 시간이 지나, 영영 숨을 거두었다.

이때 안중근의 나이 서른둘이었다.

그리고 그 후

사형 당한 뒤에도 안중근 의사에 대한 일제의 만행은 계속되었다.

안중근 의사가 처형되던 날, 가족들은 감옥 밖에서 그의 시신을 받기 위해 기다렸다. 그러나 감옥 안에서는 아무런 소식이 없었다. 이에 형무소장을 찾아갔지만 돌아온 답변은 이미 사형이 끝나 묘지에 묻었다는 것이었다. 두 동생은 강력히 항의했다. 하지만 시신은 돌려받을 수 없었다. 이는 안중근의 유해가 유족의 손에 들어가면 안중근 의사가 묻힌 곳이 한국독립운동의 성지가 될까 두려워서였다.

돌려받지 못한 것은 시신만이 아니었다. 옥중에서 집필한『안응칠 역사』도 안중근 의사가 순국하자, 곧바로 일제에 압수되어 유족에게 전달되지 않았다. 그로부터 60년이 지난 1969년. 도쿄 고서점에서 『안중근 자서전』 일역본이 발견되어 우리에게 알려졌다. 그러나 여전히 원본의 행방은 알 수 없다.

안중근 의사가 순국한 지 백년이 지나는 동안, 한국의 역사는 밖으로 안으로 거센 바람에 쓰러질 듯 휘말리다가도 다시 바로 서기를 반복했다. 안중근 의사의 바람대로 조국은 독립을 이루었지만, 이내 6·25전쟁을 겪고 분단의 고통을 겪어야 했다. 또한 무력을 앞세워 국민의 자유와 권리를 짓누르는 어두운 권력에 맞서, 민주주의를 지키기 위해 투쟁하기도 했다. 일본은 지금도 여전히 독도를 자신들의 영토라고 주장하며 억지를 부리고, 그러는 동안 일본에 의해 위안부에 끌려간 피해자들은 아직 사과도 받지 못하고 있다. 그리고 우리는 아직도 망국의 한을 품고 순국한 안중근 의사의 유해조차 찾지 못하고 있다.

만약 안중근 의사가 살아, 이 모습을 본다면 뭐라고 말할까?

분단된 조국을 보며, 여전히 망언을 일삼고 역사를 왜곡하는 일본의 모습을 보며 가슴을 치고 통곡하지는 않을까? 혹은 세상을 떠나기 전 그가 늘 염원했넌 대로 이 나라의 국민들이 자신의 신념을 갖고 압제에 굴복하지 않으며, 자유와 권리, 평화를 지키려 노력하는 모습을 보고 슬며시 미소지을 수도. 어떤 경우에도 포기하지 않고 조국의 독립과 동양평화라는 자신의 신념을 지키기 위해 끊임없이 노력했던 그이기에, 현재가 어떠하든 국민들 하나하나가 그런 마음을 갖는다면 그것만으로도 희망을 가질 수 있겠다. 안중근 의사와 같은 순국선열들의 혼이 아직까지 이 땅 어딘가에 머물고 있다면, 불가능한 일이 아니다.

그리고 실제로 그런 일들이 일어나고 있다.

2006년 6월. 남북은 안중근 의사의 유해를 찾기 위한 공동조사단을 중국 대련에 파견했다. 공동조사단은 뤼순 감옥 북서쪽 야산을 유해가 매장된 곳이라고 추정했다. 안중근 의사가 순국하던 당시 형무소장의 딸이 안중근 사형 집행일 오후에 사람들이 뤼순 감옥 뒷산에서 무엇인가를 매장하는 모습을 보았다며 사진을 전해주었고, 그것이 결정적 계기가 되었다. 그러나 별 성과를 거두지는 못했다.

2006년에 별 성과를 거두지 못하자, 2008년에는 남측 단독으로 발굴작업을 벌였다. 그동안 비협조적이었던 중국의 허가 아래, 물리탐사기·금속탐지기와 DNA 감식 등 첨단기술을 동원해 29일간 발굴작업을 벌였다. 아쉽게 이번에도 동물 뼛조각만 발견됐을 뿐 안중근 의사의 유해는 끝내 찾지 못했다. 그러나 이 두 번의 발굴작업은 남과 북, 그리고 중국이 한마음으로 시도했다는 데 큰 의의가 있다. 그리고 이제 이러한 마음은 주변으로, 세계로 더 크게 번지고 있다.

2010년, 한국과 중국, 일본은 안중근 의사의 유해를 발굴하기 위한 공동조사단을 꾸리기로 결정했다. 이 모습은 안중근 의사가 『동양평화론』을 통해 집필했고 또 희망했던 그 미래를 만들어갈 시작이 될 수도 있다.

또한 러시아는 안중근 의사와 관련된 외교문건을 한국정부에 전달했다. 홍 신부가 안중근 의사의 '우국충절' 정신을 평가한 내용 등이 담겨 있는 이 문서는 문서 그 자체로도 의미가 있지만, 러시아가 안중근 의사와 관련한 자료를 발굴해 이를 한국정부에 넘겨주려는 의지의 반영이라는 점에서 더 큰 의의를 지닌다.

이처럼 안중근이라는 이름 하나로 동양은 물론 세계 여러 나라가 단합하고 있다. 이것이야말로 안중근 의사가 바라던 바가 아닐까?

이 나라의 국민들이 자유와 평화를 누리며 사는 미래, 동양의 여러 나라들이 힘을 합쳐 단합하는 미래, 그리고 세계 여러 나라가 화합하여 사람을 위한 세계와 세계를 위한 사람을 이뤄가는 미래. 이러한 미래를 꿈꾸고 이를 실현하기 위해 선구자적 혜안으로 몸소 실천한 안중근 의사야말로 우리의 마음과 역사에 영원히 남을 '평화의 대표자'임에 분명하다.

안중근 의사의 평전을 쓰기로 마음먹었을 때, 나는 이토 히로부미를 저격한 독립운동가 안중근만을 떠올렸다. 나 이외의 사람들도 비슷할 거라 생각한다. 어렸을 때 읽었던 위인전이나 교과서에서 배운 것들이 전부였고, 그 내용들 대부분 '이토 히로부미를 저격한 안중근'에 초점이 맞춰졌다. 그리고 그 뒤로는 안중근 의사에 대해 생각할 기회가 많지 않았다. 자연스럽게 '1909년 10월 26일, 많은 사람들이 모인 하얼빈 역에서 이토 히로부미를 향해 총을 겨눈 안중근 의사'만 움직이지 않는 한 장의 흑백사진처럼 지금껏 내 머릿속에 박혀 있었다. 이 그림에는 움직임도, 생명력도 없다. 단지 안중근 의사가 국적 이토 히로부미를 처단했다는 사실 하나만 존재할 뿐이다.

때문에 자료를 찾고, 그 자료들을 연구하며 행적을 따라가는 동안 내가 안중근 의사에 대해 쓰는 일이 점점 더 어려웠던 것은 당연한 일이었는지도 모르겠다. 내가 평소 알던 안중근 의사는 말 그대로 빙산의 일각에 불과했으니까. 수면 위로 드러난 부분만 보고 빙산의 전체를 예상하는 게 불가능하듯, 평소 갖고 있던 얕은 내 지식들로는 안중근 의사를 절대 그려낼 수 없었다. 내가 알고 있던 사실들에 어느 정도 살을 덧붙이면 될 거라고 여겼던 내 생각이 완전히 틀린 셈이다. 결국 나는 머릿속에 박혀 있던 안중근 의사를 지우고 다시 알아가는 수밖에 없었다.

산과 들판을 누비며 심신을 단련하고 아버지의 개화적 성향과 천주교의 영향을 받은 유년시절, 위태로운 나라를 염려해 펼친 교육사업과 국채보상운동 등의 노력, 영산에서의 치열한 전투와 단지동맹, 그리고 조국이 독립하기 전까지는 돌아오지 않겠다는 결심. 이 모든 순간에 한 인간으로서 나라의 국민으로서 갈등하던 안중근 의사. 또한 무엇보다도 단지 조국의 독립만이 아닌, 세계의 평화를 진심으로 갈구했던 안중근 의사.

안중근 의사의 행적을 따라가던 어느 순간에야 비로소, 내가 기억하던 흑백사진 속 인물들이 조금씩 자신의 색을 찾기 시작했다. 지금 막 들이온 기차와 하얼빈 역을 가득 메운 사람들이 자신들의 색을 찾았다. 기차에서 내린 이토 히로부미와 함께 내린 일본인 고위관리들, 그리고 마지막으로 안중근 의사가 색을 찾았다. 내 머릿속에 흑백으로 존재하던 것들이 색을 찾기 시작했다는 것이 내가 안중근 의사를 모두 이해했다는 뜻은 아니다. 내가 이 사진 속 사물들에 의미를 부여하고 그 의미를 찾아낼 준비가 되었다는 것을 스스로 알았다는 말이다.

이 글은 이런 내 경험을 다른 이들과 함께 공유하고 싶다는 마음으로 썼다. 앞서 말했지만, 나는 여전히 안중근 의사에 대해 잘 모른다. 다만 안중근 의사를 이해하고 의미를 부여할 수 있는 마음의 준비가 되었다는 것은 말할 수 있다. 안중근 의사의 고귀한 행보를 최선을 다해 그리려 노력했지만, 여전히 부족하다는 마음만 가득하다. 이제 막 출발점에 선 내가 쓴 이 글이, 안중근 의사에 누를 끼치지 않았으면 좋겠다는 바람뿐이다.

원고를 쓰기 전에, 그리고 원고를 쓰면서 이미 먼저 안중근 의사의 행적을 좇아 길을 떠나신 많은 선생님들의 연구에서 큰 도움을 받았다. 갈 길을 찾지 못해 헤매던 내게 불빛이 되고, 이정표가 되었다. 진심으로 감사하다는 말씀을 드리고 싶다. 또한 안중근 의사를 다시 알아갈 소중한 기회를 준 것은 물론, 갈피를 잡지 못하고 자꾸 더딘 작업을 하던 나를 꿋꿋하게 기다려준 '자음과모음' 청소년팀 관계자들께도 죄송한 마음과 감사한 마음을 함께 전하고 싶다. 마지막으로 중간중간 원고를 읽으며 충고와 격려를 해준 유희 누나와 준광 형에게도 감사드린다.

1879년 양력 9월 2일, 황해도 해주부 수양산 아래 황석동에서 아버지
안태훈과 어머니 조성녀 사이의 3남 1녀 중 장남으로 태어남.

1885년 청계동으로 이사. 『사서』와 『자치통감』 등을 서당에서 수학.

1894년 김아려와 결혼. 신천 의려군의 선봉장으로 동학군을 진압함. 이
무렵 김구와 만남.

1895년 안중근의 아버지 안태훈, 동학군 진압 후 군량미 문제로 어윤
중·민영준으로부터 압박을 당함.

1896년 아버지의 군량미 문제로 천주교 교당에 피신하여 천주교를 접
하고 천주교에 입교하기로 결심함.

1897년 1월, 홍 신부로부터 도마(Thomas)라는 세례명을 받고 천주교에
입교.

1898년~1904년 청계동 본당이 설립되자 초대주임 빌렘(홍석구) 신부를 수
행하며 황해도 지역 천주교 선교 활동에 열중함. 이경주 사건,
웅진군민이 김중환에게 빼앗긴 5천 냥을 해결하는 데 애씀.
해서교안으로 곤경에 처함. 민(뮈텔) 주교에게 대학 설립을 건
의했으나 거절당함.

1905년 러일전쟁을 보고 향후 대비책으로 해외이주계획을 추진. 상해
에서 르 각(Le Gac) 신부를 만나 교육사업 등 애국계몽활동에 진
력하라는 충고를 듣고 귀국함. 아버지 안태훈 사망.

1906년　가족을 이끌고 진남포로 이사, 교육사업에 헌신함.

1907년　국채보상운동에 참여. 석탄회사 삼합의를 만들어 상업활동에
　　　　종사함. 8월 1일 군대해산 때 국외로 망명하여 9월 10일경 간도
　　　　에 도착, 10월 말경 러시아 블라디보스토크에 입성.

1908년　7월, 의병참모중장으로 국내진공작전에 참가.

1909년　3월 초, 동지 11인과 단지동맹을 결성. 10월 19일, 연추에서 블
　　　　라디보스토크로 귀환하여 이토 히로부미가 하얼빈에 도착한다
　　　　는 사실을 확인. 10월 20일, 우덕순과 이토 히로부미 처단 계획
　　　　을 세우고 동행하기로 함. 10월 21일 우덕순과 하얼빈으로 출
　　　　발. 10월 22일, 우덕순·유동하와 함께 하얼빈에 도착. 10월 24
　　　　일, 우덕순·조도선과 함께 하행. 10월 25일, 하얼빈으로 귀환.
　　　　10월 26일 이토 히로부미를 총살. 하얼빈 일본 총영사관에서
　　　　검찰관의 심문을 받고 뤼순 관동도독부 감옥으로 옮겨 수감됨.

1910년　2월 14일 일제 재판부, 안중근 사형, 우덕순 징역 3년, 조도선과
　　　　유동하 징역 1년 6개월을 선고함. 3월 8일, 뤼순 감옥으로 찾아
　　　　온 빌렘 신부에게 고해성사. 3월 15일, 자서전『안응칠 역사』를
　　　　탈고하고『동양평화론』의 집필을 시작. 3월 26일, 고향집에서 보
　　　　내온 옷으로 갈아입고 뤼순 감옥 형장에서 교수형으로 순국함.

초판 1쇄 발행일 2010년 11월 5일
초판 11쇄 발행일 2024년 5월 31일

지은이   이준희
펴낸이   강병철

펴낸곳   더이룸출판사
출판등록   1997년 10월 30일 제1997-000129호
주소   04047 서울 마포구 양화로6길 49
전화   편집부 (02)324-2347 경영지원부 (02)325-6047
팩스   편집부 (02)324-2348 경영지원부 (02)2648-1311
이메일   jamoteen@jamobook.com

ISBN 978-89-5707-666-8 (44990)